LA CASA IDEAL CON FENG SHUI

LA CASA IDEAL CON FENG SHUI

Carolina Segura Orlando

Grupo Editorial Tomo, S. A. de C. V.
Nicolás San Juan 1043
03100 México, D. F.

1a. edición, noviembre 2000.
2a. edición, marzo 2002.
3a. edición, junio 2002.

© La Casa Ideal con Feng Shui.
Carolina Segura Orlando

© 2002, Grupo Editorial Tomo, S. A. de C. V.
Nicolás San Juan 1043, Col. Del Valle
03100 México, D. F.
Tels. 5575-6615, 5575-8701 y 5575-0186
Fax. 5575-6695
http://www.grupotomo.com.mx
ISBN: 970-666-333-9
Miembro de la Cámara Nacional
de la Industria Editorial No. 2961

Fotografía de Portada: Shakti Alejandra Segura
Diseño de la Portada: Emigdio Guevara
Diseño Tipográfico: Rafael Rutiaga
Supervisor de Producción: Leonardo Figueroa

Impreso en México - *Printed in Mexico*

PRÓLOGO

En el año 1994 mi familia y yo nos mudamos a un departamento, aunque estaba en pésimas condiciones, nos gustó porque era muy luminoso, soleado y además cubría nuestras necesidades. Nos tomamos la tarea de arreglarlo y hacer algunos cambios; pero empezaron a pasar "cosas" extrañas y retrasos en todo; si el arreglo estaba previsto en dos meses, pasaron cuatro y aún no se terminaba; la tina de uno de los baños tuvimos que cambiarla ¡tres veces!; la cocina llegó un mes tarde y la instalaron mal, etc. Yo pensaba: "este departamento no nos quiere"; y además, "casualmente" el trabajo de mi esposo empezó a bajar considerablemente.

Como soy astróloga, en ese entonces asistí a un seminario de astrología y una colega me preguntó si me gustaría tomar un curso de Feng Shui. ¿De qué?, pregunté, porque para mí era nuevo ese término. Me explicó a grandes rasgos y por supuesto que no dude, era lo que yo necesitaba: curar o sanar mi casa. Fue así como ingresé al maravilloso mundo del Feng Shui.

Empecé a poner en práctica esta increíble filosofía, seguí tomando cursos y leía todo lo que había en el mercado sobre el tema (que no era mucho). En un viaje a Buenos Aires, tuve la oportunidad de asistir a un taller teórico-práctico, donde nos proporcionaron algunas curas "secretas" y muchos "tips" para armonizar la casa.

Mi departamento se fue transformando poco a poco, descubrí que el baño que dio tantos problemas corresponde a un presagio llamado Huo Hai, que causa obstáculos y problemas, e hice las curas correspondientes, porque eso es lo maravilloso del Feng Shui, hay "cura" para cualquier problema, cada mal tiene su remedio; coloqué más plantas y una esfera de cristal y objetos de peso en una "área cortada", puse espejos y una fuente, además agregué luces al área de la fama para mejorar el flujo de la energía; reacomodé muebles y colores; pero sobre todo, "despejé" la energía densa que había en el lugar y que habían dejado los antiguos moradores. Es muy importante, cuando hay un cambio de casa, purificar la energía existente, ya que queda impregnado el CHI de los habitantes en toda la casa. El departamento quedó hermoso, se percibe una sensación de serenidad, de "buena vibra", y esto produjo un notable progreso en todos los aspectos, lo cual por supuesto mejoró el trabajo; por tanto puedo recomendar ampliamente el Feng Shui, porque ayuda a que la vida sea más agradable y armoniosa en todos los aspectos, simplemente reorientando la energía.

No hay que esperar que el Feng Shui sea la solución a todos los problemas, sólo se refiere a la más importante de las muchas influencias que afectan la vida de las personas. Una esfera de cristal o un espejo no resuelven un problema, hay que revisar también la actitud que se tiene ante la vida y las creencias que nos limitan. Sin embargo, hay una gran verdad: si tu casa está mal, tú también estás mal; si estás haciendo un gran esfuerzo por estar bien, haces yoga, tai chi, tomas flores de Bach y eres una persona sensata, de nada te servirá si llegas a una casa que tenga un desequilibrio energético y que además duermas siete horas bajo una influencia negativa, entonces tu esfuerzo no sirve de nada, pues tu casa te succiona la energía. Del mismo modo de nada te serviría vivir en un lugar grato y placentero si te irritas, discutes, andas de mal humor y no tienes tolerancia; el Feng Shui se debe aplicar a la casa y en las actitudes.

El hogar es como una extensión del útero materno o la casa cuatro en Astrología, su función es dar abrigo, protección, amparo, nos resguarda de cualquier peligro, y es donde nace la familia, las raíces y si no existe como tal, porque está "enferma", estamos perdiendo nuestra energía y la oportunidad de vivir plenamente en armonía y prosperidad. Un síntoma muy notorio para saber si tu casa está mal, es cuando después de dormir te levantas de muy mal humor y no te puedes ni mover; muchas veces el lugar está fastidiado por cosas insignificantes que pueden ser fácilmente solucionadas o "sanadas".

El éxito del Feng Shui radica en relacionar un determinado problema con una parte o algún objeto de la casa, se hacen los cambios necesarios e invariablemente se notan los cambios, pero se debe considerar que las metas y expectativas que se tengan, sean realistas y objetivas; no todas las viviendas necesitan lo mismo, cada casa es como una persona: única y con su propia energía.

¿En qué caso veremos resultados?, los fengshuistas responden que no hay plazos, sino casos, y de acuerdo a la etapa en que nos encontremos, si es una etapa Yin o es una etapa Yang. La etapa Yin es cuando estamos atorados y todo va mal en la vida, aquí tardan un poco más los resultados; o pueden ser muy sutiles; la etapa Yang es cuando aparentemente todo está bien, pero hay lentitud en alguna área de la vida, por ejemplo vendo, pero no me pagan pronto; sin embargo la experiencia ha demostrado que los cambios pueden suceder desde el mismo momento en que se está llevando la asesoría, o hasta 18 meses después aproximadamente.

En este libro encontrarás paso a paso la forma de armonizar tu casa, con los principios del Feng Shui, de manera práctica y eficiente, creando un lugar propicio para vivir en armonía, además encontrarás otros consejos que no necesariamente son de Feng Shui, pero que ayudarán a incrementar la energía positiva en tu casa.

Así como la Astrología estudia la influencia del Cielo sobre los seres en la Tierra, el Feng Shui estudia las corrientes energéticas de la Tierra y cómo afectan a los seres humanos; cada espacio lleno o vació está ocupado por infinitos campos energéticos, afectando profundamente la forma de relacionarnos con los demás y con el entorno.

El Feng Sui encierra una filosofía muy amplia y profunda, y existe mucha literatura al respecto. Este es un manual práctico y sólo comparto lo que he aprendido y puesto en práctica. Lo que aquí encuentres no necesariamente implica la verdad absoluta del Feng Shui; mi intención es proporcionar una aspirina para tu hogar, no un doctor, sin embargo servirá para dar un gran alivio a tu casa y a ti.

Carolina Segura

TEST DE LA ARMONIZACIÓN

Mucho de lo que atribuimos a la mala suerte, a menudo obedece a que hay un lugar de la casa que está generando un desequilibrio, puede ser que la casa que habitamos no esté en una orientación favorable a nosotros, que un baño se encuentre situado en un lugar inadecuado, que la puerta de entrada esté paralela a la puerta trasera, que en el área de la prosperidad haya un presagio negativo, que tu casa esté sobrecargada de un elemento y falten otros, o alguna otra situación de la casa que esté paralizando un sector de tu vida. Al armonizar nuestra casa o lugar de trabajo, podremos liberarnos de algunas trabas que se originen en el lugar que habitamos.

A continuación contesta las siguientes preguntas; el resultado te dará la pauta para saber si tu casa debe ser tratada con los principios del Feng Shui.

I.- TRIGRAMAS SUN Y KAN
(Prosperidad y Trabajo)

1.- Lo que ganas mensualmente:

   A) No te alcanza para llegar al fin de la quincena

   B) Te alcanza para llegar justo al fin de la quincena

   C) Llegas cómodamente al fin de la quincena

   D) Llegas al fin de la quincena e incluso ahorras

2.- Estás desempleado actualmente

   A) Sí

   B) No

3.- ¿Aumentaron tus ingresos en relación al año anterior?

   A) Mucho

   B) Poco

   C) Nada

4.- ¿Cómo consideras tu ambiente laboral?

   A) Cordial y amigable

   B) No se siente a gusto, pero es soportable

   C) Hay rivalidades que le molestan

   D) Su jefe es muy molesto

PUNTAJE

Preg.	A	B	C	D
1	3	2	1	0
2	3	0	-	-
3	0	1	2	-
4	0	1	2	3

II.- TRIGRAMAS KUN Y LI
(Relaciones y Prestigio)

1.- ¿En qué situación te encuentras?

A) Felizmente casado o soltero

B) Divorciado

C) Soltero mayor de 29 años

D) En noviazgo

2.- ¿Como te definirías en el amor?

A) Una persona feliz

B) Una persona conforme

C) Una persona a la que no le va del todo bien

D) Una persona a la que le va mal

3.- ¿Son reconocidos tus méritos y logros?

A) Sí

B) Algunas veces

C) Nunca

4.- ¿Estás a gusto con la reputación y prestigio que tienes profesional y socialmente?

A) Sí, me siento muy bien

B) Hay cierta insatisfacción

C) No sé

D) No

PUNTAJE

Preg.	A	B	C	D
1	0	3	3	1
2	0	1	2	3
3	0	1	2	-
4	0	1	2	3

III.- TRIGRAMAS CHEN Y CHIEN
(Salud, Familia y Benefactores)

1.- ¿Cuál es el estado de salud de los miembros de la familia?

A) En los últimos seis meses alguno ha sentido ansiedad, cansancio, agotamiento

B) Hay enfermos desde hace más de seis meses

C) Buena en general

2.- ¿Cómo duermes?

A) Muy bien

B) Me levanto cansado, como si no hubiera dormido

C) Sufro de insomnio

3.- ¿Cómo consideras la relación familiar?

A) Unida

B) No muy unida, pero sin problemas

C) Lejana, vacía

D) Muy mala

4.- Cuando necesitas de algo ¿hay quién te ayude?, ¿te sientes apoyado?

A) Sí

B) No

C) En pocas ocasiones

PUNTAJE

Preg.	A	B	C	D
1	3	4	0	-
2	0	3	2	-
3	0	1	3	4
4	0	3	2	-

IV.- TRIGRAMAS TUI Y KEN
(Creatividad, Hijos y Conocimiento)

1.- Cuál de estas habitaciones no es de tu agrado o está siempre desordenada:

Recámara principal
Recámara hijo
Recámara hija
Cocina
Baños
Comedor
Sala
Patio
Otros

2.- ¿Te consideras una persona creativa?

A) Sí
B) No

3.- ¿Sientes que tus hijos logran sus propósitos?

A) Casi siempre
B) De vez en cuando

4.- ¿Te sientes incómodo si llegan visitas?

A) Sí
B) No

PUNTAJE

Preg. 1   Suma un punto por cada habitación
           marcada

Preg.	A	B
2	0	2
3	0	1
4	0	1

RESULTADOS:

Si obtuviste de 0 a 15 puntos, se puede decir que tu hogar está en armonía, el diagnóstico es muy favorable, los problemas que tengas son causados por ti mismo.

Si obtuviste de 16 a 30 puntos, hay cierto desequilibrio energético en tu casa, pero puede mejorar bastante realizando algunos cambios.

Si obtuviste más de 31 puntos, tu casa no te favorece, la energía existente te impide realizar cualquier cosa en la vida. Requieres de una consulta con un especialista en Feng Shui.

Este libro te servirá como una guía general y sencilla para restablecer el flujo energético de tu vivienda. Encontrarás las herramientas básicas para aplicar el Feng Shui en tu casa o lugar de trabajo y lograr un equilibrio que te permitirá una nueva visión del mundo y de la vida.

INTRODUCCIÓN

El Feng Shui tiene sus orígenes en la antigua China hace miles de años, y a lo largo de su historia ha sufrido cambios e innovaciones, algunos de ellos se prestan a confusión y parecen contradictorios, porque existen varios enfoques o escuelas de Feng Shui que se han utilizado en diferentes ambientes y culturas. No obstante, son tres las más sobresalientes:

Escuela de la Forma

Es la primera que existió, y fue desarrollada por el sabio maestro Yang Yung en el siglo IX. Se basa en la forma circundante del paisaje, considerando las colinas, montañas y ríos que rodean el lugar. La mejor ubicación era la que tuviera en la parte de atrás una montaña que simbolizaba la tortuga negra que servía de protección, al Este una montaña simbolizando al dragón verde, al Oeste una montaña más baja para representar el tigre blanco, y al frente el terreno debería ser plano para que no obstruyera la visión, y simbolizaba al pájaro rojo. Estos son los cuatro animales míticos utilizados en esta escuela.

Escuela de la Brújula
o Método Fukien

Un siglo más tarde, sin contar ya con regiones con montañas y ríos y una vida más urbanizada, los eruditos de la época adaptaron una nueva escuela, conservando muchos de los conceptos de la Escuela de la Forma. Ellos utilizan una brújula como herramienta, llamada Luo Pan, para determinar la mejor orientación de un lugar, porque consideran que los puntos cardinales y los campos magnéticos de la Tierra ejercen una influencia específica en cada lugar. En esta escuela se considera que cada punto cardinal se refiere a un aspecto de la vida, un color, un número y un elemento, que combinados con la fecha de nacimiento, determinan el lugar ideal de una persona.

Escuela del Sombrero Negro B.T.B.
(Blak Sect, Tantric Buddishm)

Desarrollada por el maestro Lin Yun, establece que la puerta principal del lugar es el punto de partida para localizar los puntos del pa-kua.

Es tan mágico el Feng Shui, que todos estos enfoques son eficaces. En la actualidad se utiliza una combinación de estas tres escuelas: se observa el entorno y la forma de la construcción (Escuela de la Forma), y de acuerdo a la orientación (Escuela de la Brújula), se elige el lugar más adecuado y se utilizan curas y conceptos de la B.T.B.; personalmente lo he experimentado con resultados satisfactorios, y en este libro muestro una manera fácil y práctica para armonizar un lugar.

Los principios elementales, independientemente de la escuela, que deben tomarse en cuenta para hacer un buen Feng Shui son los siguientes:

1.- La energía o CHI (como le llaman en oriente).

2.- El Yin y el Yang.

3.- Los cinco elementos y sus ciclos.

4.- El Pa-kua.

5.- La orientación del inmueble y el entorno.

6.- Áreas positivas y adversas de un lugar.

7.- El número kua personal.

8.- Las curas para sanar o activar un lugar.

LA ENERGÍA CHI

El Feng Shui parte de la base de que todo en el Universo es energía, y que ésta puede ser encausada del mismo modo que la electricidad impulsa una máquina. Esta energía CHI como le llaman los chinos, aliento de vida, prana, energía cósmica, o fluido vital (como quiera llamarle), está presente en todo el Universo y circula en cada rincón del planeta y del cuerpo humano. El CHI es luz y vida, es el elemento esencial que mantiene el equilibrio físico, ambiental y emocional.

Hay que considerar entonces que la casa no es solamente un conjunto de materiales para refugiarnos, es un lugar energético y una entidad viva, por lo tanto, emite vibraciones. La Tierra, nosotros y todo lo existente en ella, está expuesto a radiaciones electromagnéticas procedentes de los confines del Universo y de las entrañas de la Tierra; el CHI está presente en todo, en una ciudad, en una habitación, en un bosque o en una planta; cada molécula, cada célula, cada objeto vibra con esta energía. El Feng Shui, por tanto, es el arte de captar o modificar el CHI existente en un lugar, así como entender el impacto o influencias de esta energía en la vida de las personas.

La base fundamental del Feng Shui es estimular el mayor flujo del CHI a nuestra casa para beneficiarnos. Esto no sólo proporcionará un entorno saludable, sino que se crea una atmósfera armoniosa, capaz de traer prosperidad en todos los aspectos; asimismo debemos buscar lugares donde se genere o se acumule esta energía positiva, porque el bienestar físico, mental y emocional de una persona depende del lugar donde vive, duerme y trabaja. El CHI personal de cada uno se combina con la energía CHI del lugar, y dependiendo de esta relación, se considera si el lugar es propicio o no para nosotros.

El CHI circula en movimientos circulares por sendas ondulantes y redondeadas. Cualquier cosa o situación puede generar CHI positivo, por ejemplo las notas de una melodía, la pintura de un bosque, una escultura hermosa, una actitud positiva por parte de nosotros, una planta, las brisas suaves, un paisaje lleno de vida, un cuarzo, una buena iluminación, un lugar limpio, una sonrisa, una fotografía, etc.

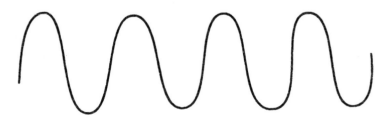

Lo opuesto a CHI es SHA (viento tóxico), y es una **corriente dañina** que tiene un efecto adverso sobre cualquier lugar, objeto o persona. Es una energía similar al filo de un cuchillo que "corta" el CHI positivo y genera incomodidades, obstrucción y problemas. El propósito del Feng Shui es eliminar o "curar" el SHA existente de un lugar y así evitar consecuencias negativas en la vida de las personas.

El SHA viaja en línea recta, por sendas puntiagudas, afiladas y por ángulos; se le llama también "flechas secretas o envenenadas". Estos elementos puntiagudos pueden ser, por ejemplo: un camino recto que apunta a la entrada de nuestra casa, una casa al final de un callejón sin salida, los filos de un edificio, los ángulos de una columna, un árbol solitario delante de la puerta, esquinas sobresalientes de tejados, e incluso de muebles. El SHA está en los lugares o rincones oscuros, en las habitaciones desordenadas y con humedad, y en todo espacio que se encuentre estático.

Hay otros elementos conductores de SHA: Las torres de alta tensión, puentes, ríos o canales rectos, las vías del tren, vigas, trabes, túneles, cables de alta tensión, troncos de árboles secos, fosas sépticas, cloacas, aparatos electrodomésticos en la habitación de dormir y las radiaciones nocivas procedentes del subsuelo como las líneas de Hartmann o "venas del dragón", y las líneas de Curry o "salidas de los demonios", como las llaman los chinos.

El amontonamiento de cosas genera SHA y estanca la energía. Muchas personas guardan ropa durante años, esperando adelgazar o que haga frío o calor para poder usarla, o solamente por si acaso algún día la necesitan, o por si alguno de los hijos la puede llegar a usar. Los zapatos que no se usan hay que regalarlos, almacenan energía negativa, no importa que todavía estén "buenos", y es peor si se guardan debajo de la cama. He visto que a la gente le cuesta desprenderse de libros, revistas o cualquier objeto de recuerdo y no saben ni por qué los guarda, simplemente porque consideran que es una pena tirarlos; no se dan cuenta que solo están provocando estancamiento; los libros que no se usan o se consultan, sólo acumulan polvo y SHA. También hay mucha gente aficionada a guardar cajas de regalos vacías, moños, incluso regalos que no nos gustan, y los conservamos por compromiso, porque no nos atrevemos a desecharlos. En la cocina pasa lo mismo, se coleccionan cacharros, "topers" sin tapa, frascos vacíos, aparatos descompuestos, medicamentos, etc.; la lista puede ser muy grande. El caso es que nos aferramos a algo y nos es difícil "soltar" apegos, y lo único que provocamos es que no hacemos espacio para que entre lo nuevo, para que entre el CHI. Hay que poner en marcha la "ley del uso": "si no lo uso yo, que lo use otra persona, así me llegará lo que yo necesito usar".

Si queremos cosas nuevas y distintas en la vida, lo que debemos hacer entonces, es vender, regalar o entregar a una casa de asistencia lo que nosotros **no usamos**; aunque estén en buen estado, el deshacernos de las cosas que no usamos es un símbolo de liberarnos de todo aquello que atasca nuestra vida.

En Feng Shui nada es "inocente", cualquier objeto tiene "vida", tiene "memoria" y emite una vibración CHI o SHA, además de la energía que absorbe del entorno físico y de las personas. Todas las cosas están vivas, interrelacionadas y en movimiento constante, todo atrae y refleja la energía que representa. La energía estancada en casa, generalmente refleja nuestro estilo de vida y nuestro estado mental.

La disposición de un mueble, la forma de la casa, el subsuelo, el color, el paisaje exterior, los aparatos eléctricos, un cuadro, etc., son emisores latentes de energía en movimiento y constituyen una fuente de nocividad o de bienestar.

En la actualidad se construye en cualquier sitio, no se le da importancia a la orientación del lugar, ni mucho menos a las condiciones del subsuelo, ni a los materiales que se utilizan, se "construyen" casas sobre fallas en el suelo: antiguas minas, corrientes de agua subterránea, cementerios, etc. Todo esto genera SHA, y cuando influyen sobre un ser vivo, animal, vegetal o humano permanentemente, se manifiesta en enfermedades, disminución del rendimiento intelectual, insomnio, depresión nerviosa, agotamiento, irritabilidad, carencias de bienestar económico y emocional.

El factor principal del Feng Shui es captar CHI a nuestra casa o lugar de trabajo. Si hay un cambio de casa, es importante investigar sobre la "historia" del lugar, porque las paredes tienen memoria, y son una especie de "cementerio" psíquico que guardan los pensamientos y sentimientos de los inquilinos anteriores. Hay que desconfiar de los lugares donde hubo violencia, muerte y pérdidas, si no se pueden evitar, se debe "limpiar" la energía del lugar (más adelante encontrarás la manera de hacerlo) para captar o modificar el CHI del lugar.

Las personas también tienen un CHI que es propio y único, y éste se matiza con lo que hace con su vida, lo que crea, lo que piensa y la clase de gente con quien convive; el CHI personal se refleja en las acciones de cada día. La meditación, el yoga, escuchar música new age, el contacto con la naturaleza, el entusiasmo, la risa y una actitud positiva activan y alimentan el CHI de una persona. El SHA personal se presenta cuando estamos irritados, intolerantes, agresivos y con pensamientos negativos y fatalistas; la angustia, el miedo, el resentimiento, la ira y la ansiedad son emociones que tienen una estructura energética que se expande en los espacios de la casa alterando el CHI del lugar.

El equilibrio entre el CHI personal y el CHI de la casa da por resultado un buen Feng Shui, de lo cual resulta una armonía y bienestar global.

EL YIN Y EL YANG

Todas las cosas del Universo, y la vida misma, están constituidas por dos fuerzas cósmicas, dos energías opuestas pero complementarias, que en la cultura china les llaman Yin y Yang (lo positivo y lo negativo para los físicos). El yin y el yang forman el Tao, "el camino", un principio de armonía terrena y celestial que subyace en el Feng Shui. El yin existe dentro del yang y el yang existe dentro del yin, sin una no podría existir la otra, siempre están juntas; sin día no habría noche, sin frío no existiría el calor, sin cielo no existiría la tierra; juntas forman a su vez el perfecto equilibrio, el CHI, como lo muestra el símbolo de estas dos fuerzas.

Nada es completamente yin, ni completamente yang, todas las cosas están creadas con algo de yin y algo de yang, el hombre es yang, pero su raíz es yin; la mujer es yin, pero su raíz es yang, cuando el hombre y la mujer comprenden el Tao, pueden vivir en perfecta armonía. Las relaciones entre las cosas yin y yang están siempre en constante cambio, lo que ahora es yang (el amanecer), se vuelve yin (el atardecer).

Los seres humanos también oscilamos con el yin y el yang, las personas con más yin, suelen ser tranquilas, relajadas, sensibles, creativas y con mucha imaginación, pero propensas a la depresión. Las personas con más yang son rápidas, activas, entusiastas e impulsivas y tienden a ser irritables y coléricas. Una de las forma de averiguar si una persona es yin o yang, es comparándose con otras personas: si alguien es yin, le parecerá que los demás andan apurados e impacientes y viven en un torbellino de actividad, esto lo pondrá nervioso; por el contrario, si una persona es más yang, le parecerá que los demás son muy lentos, tranquilos y amables, y por supuesto que se irritará; para equilibrar este carácter, si se siente yin, es ir a la parte yang de la casa, que es la más iluminada, y si se siente yang, relajarse en el lugar más pacífico y oscuro de la casa.

El principio fundamental del Feng Shui es lograr un equilibrio entre el yin y el yang de un lugar, al haber un balance de estas fuerzas, se produce armonía, que a su vez genera buena fortuna, bienestar, salud, etc. Cuando predomina alguna de estas energías, se produce un desequilibrio que puede afectarnos de alguna manera, por ejemplo una casa demasiado yin es oscura, de ambientes chicos, no recibe los rayos del sol, los techos suelen ser bajos, es silenciosa, predominan los colores oscuros, generalmente hay humedad, los moradores de la casa pueden sentirse cansados, deprimidos y acongojados, reflejándose esto en su productividad. Una casa demasiado yang, tiene mucha luz, con grandes ventanales, expuesta al ruido, las paredes son de colores brillantes, las personas que habitan este lugar también se vuelven muy yang: enojadas, agresivas, nerviosas, siempre andan aceleradas, sufren de dolor de cabeza y el tiempo no les alcanza nunca.

El éxito de un buen Feng Shui radica en conseguir el equilibrio entre el yin y el yang presentes en cualquier lugar.

El yin y el yang en el hogar

Si dividimos la casa con una línea en el centro, la mitad frontal es yang (hay más movimiento, luz y ruido) y la mitad posterior es yin (generalmente están los dormitorios); entonces se debe armonizar la parte frontal con más cosas yin y el fondo de la casa con más yang, para que haya un equilibrio.

Las habitaciones de una casa son yin y yang, los dormitorios son yin, mientras que la cocina y el comedor son yang, pero dependiendo de los demás elementos y muebles se considerarán más yin o más yang. Para que se facilite descubrir qué energía prevalece en un lugar, a continuación se enumeran algunos elementos que corresponden a cada polaridad.

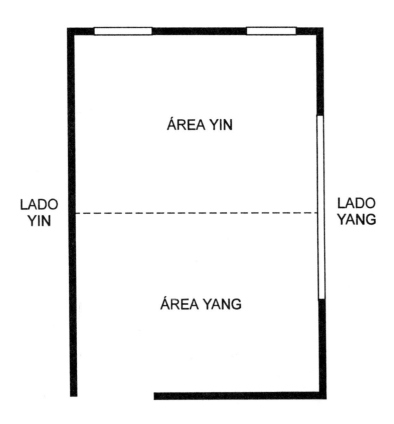

ELEMENTOS YIN	ELEMENTOS YANG
Lo femenino	Lo masculino
El día	La noche
La tierra	El cielo
El invierno	El verano
La oscuridad, la sombra	La luz
Frío	Calor
El agua	La montaña
El tigre	El dragón
Lo estático	El movimiento
Formas redondeadas (excepto el círculo)	Formas rectas, círculo
Lo flexible	Lo firme
Horizontal	Vertical
Paisaje con colinas y desniveles	Paisaje plano
Viejo	Nuevo
Floral	Geométrico
Pared lisa	Pared con puertas
Lo suave	Lo duro
Lo opaco	Lo brillante
Lo chico	Lo grande
Un sillón acojinado	Un sillón de cuero
La madera	El vidrio
Un espejo ovalado	Un espejo cuadrangular o circular
Números nones	Números pares
Cortina de tela	Persiana de metal
Pisos alfombrados o de madera	Pisos de mármol, mosaico o piedra

ELEMENTOS YIN

Colores:
Azul, verde, negro, gris, morado oscuro y todos los colores pastel

ELEMENTOS YANG

Colores:
Rojo, amarillo, naranja, blanco, fiusha y todos los colores brillantes

Mientras mayor sea la superficie con un color, mayor será la influencia sobre las personas.

Para integrar el yang a una casa yin, como la descrita anteriormente, podemos agregar luces, para dar mayor luminosidad, colores brillantes, un cuadro con bastante colorido y figuras geométricas, como un Picasso, y figuras de tipo piramidal. Y para armonizar una casa yang, podemos colocar cojines en colores oscuros, una fuente de agua, cortinas de voile, alfombras y figuras redondeadas. Cuando el yin y el yang se combinan adecuadamente, el espacio es muy confortable para las personas que lo habitan, creando armonía y placidez.

LOS CINCO ELEMENTOS

La filosofía china sostiene que lo que existe en la Tierra está formado de energía (CHI), y esta energía se manifiesta de cinco distintas maneras: madera, fuego, tierra, metal y agua. Además de la importancia que tiene la armonía del yin y el yang en un lugar, los cinco elementos son fundamentales por la energía que surge de los mismos. Los cinco elementos están relacionados a los planetas que en la antigüedad existían, y por lo tanto, emiten un tipo de energía:

MADERA	Júpiter	Este	Verde	Primavera
FUEGO	Marte	Sur	Rojo	Verano
TIERRA	Saturno	Centro	Amarillo	
METAL	Venus	Oeste	Blanco	Otoño
AGUA	Mercurio	Norte	Negro	Invierno

Asimismo los cinco elementos están asociados a las cinco direcciones: Este, Oeste, Sur, Norte y el Centro. Cada elemento tiene que ver con un tipo de energía CHI, un color y una estación del año.

En el Feng Shui los elementos están presentes dentro de la casa, en los rasgos del entorno y en cada persona por el trigrama al que pertenecen. El objetivo de esta filosofía es crear un ambiente donde no predomine ninguno, pero que estén presentes y en el que exista un equilibrio del yin y del yang; al evaluar el entorno que rodea a la casa, es importante observar los árboles y la vegetación circundante, esto nos dará pautas del CHI existente, por ejemplo, si es verde y frondosa o por el contrario si es árida y seca.

A continuación describo cómo es un entorno de acuerdo a cada elemento, considerando principalmente la forma y no el material de la construcción.

Elemento Madera

Este elemento simboliza crecimiento, expansión y nuevos proyectos. Todo lo que tenga a su alrededor plantas, árboles, jardines o bosques es un entorno Madera, así como las construcciones altas y estrechas, toda casa hecha de madera, y las rodeadas de hospitales, mercados, guarderías o restaurantes.

Dentro de la casa el elemento Madera está en las plantas, flores, papel tapiz, telas de algodón o rayón, cuadros de paisajes, bosques y flores, vigas, objetos altos y delgados, esculturas y muebles de madera, mimbre, bejuco y ratán, así como toda la gama de color verde. Un exceso de este elemento genera flojera, tedio, cansancio. La ausencia de este elemento genera falta de oportunidades y de crecimiento.

La persona que pertenece al elemento Madera (más adelante encontrarás la forma de calcular tu trigrama personal), se siente mejor rodeada de plantas, le gustan las relaciones públicas, es emprendedora, positiva y muy entusiasta, los colores que le favorecen son el verde y el azul.

Elemento Fuego 人

Este elemento simboliza el intelecto, el comportamiento y el honor. El entorno fuego se manifiesta cuando las construcciones vecinas son de tejados puntiagudos y con una inclinación pronunciada, árboles altos, o rodeado de industrias químicas, escuelas o iglesias.

Dentro de la casa, el elemento Fuego está en la cocina, chimeneas, todo tipo de iluminación como lámparas, velas, quinqué, etc., todo objeto hecho de materiales animales como lana, marfil, cuero, etc., toda forma geométrica, triangular, piramidal o de punta, esculturas o cuadros de animales, el sol e imágenes de fuego; asimismo todo objeto que lleve el color rojo. Un exceso de este elemento produce ansiedad, estrés, inquietud; y la falta de Fuego, genera depresión y la sensación de no encontrar un lugar en el mundo.

Las personas que pertenecen al elemento Fuego son líderes y aman la acción, son intuitivas, saben abrirse un camino en la vida, están dispuestas a correr riesgos, el Fuego les confiere perspicacia e inspiración. Los colores que les favorecen son el rojo y los verdes.

Elemento Tierra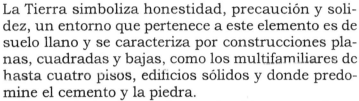

La Tierra simboliza honestidad, precaución y solidez, un entorno que pertenece a este elemento es de suelo llano y se caracteriza por construcciones planas, cuadradas y bajas, como los multifamiliares de hasta cuatro pisos, edificios sólidos y donde predomine el cemento y la piedra.

Dentro de la casa está en todo objeto o escultura hecho de cerámica, yeso, piedra, arcilla, barro y porcelana, maceteros, floreros, todas formas cuadradas y rectangulares, cuadros que representen paisajes desérticos y llanuras. Cualquier objeto que lleve colores amarillos, beige y terrosos. Un exceso de Tierra crea demasiada estabilidad y arraigo, no favorecen cambios y hay estancamiento; con la falta de este elemento no hay nada firme ni duradero, todo está "en el aire".

Las personas que pertenecen al elemento Tierra de acuerdo a su trigrama personal, son fieles y aportan apoyo, son prácticas y muy perseverantes, tienen la capacidad de tener los "pies en la tierra" cuando los demás pierden la cabeza. Los colores que les favorecen son el amarillo y el rojo.

Elemento Metal

Este elemento simboliza las monedas y el dinero, así como ideas brillantes. Un entorno Metal se caracteriza por formas de arco, con cúpulas, y otros ornamentos circulares, techos arqueados y paredes en arco, construcciones donde predomine el hierro y el acero, y los pisos de mármol o granito.

Dentro de la casa el Metal está presente en todos los objetos de plata, hierro, acero inoxidable, piuter y oro, las paredes en arco, esculturas de bronce, monedas, así como todas las formar circulares, los colores plateados, dorados y blancos. Un exceso de Metal genera un ambiente de frialdad y dureza, pero si hay ausencia, no hay capacidad de contención ni solidez.

Las personas que les corresponde este elemento, según su trigrama personal, generalmente son exigentes, resueltas, buscan afanosamente conseguir sus ambiciones, muchas veces son poco flexibles, pero son muy ingeniosas. Los colores que les favorecen son el blanco, dorados, plateados, amarillos y ocres.

Elemento Agua ∿

Este elemento simboliza la profundidad, la introspección y la resolución de todas las cosas, también se asocia con la riqueza. Un entorno Agua es aquél de formas irregulares, con edificios de distintas alturas o rodeado de agua, y también si hay alrededor edificios donde predomina el cristal.

Dentro de la casa este elemento se encuentra en la cocina, los baños, lavaderos, albercas, fuentes, estanques, peceras, acuarios, cualquier objeto en color azul o negro, formas asimétricas, cuadros o paisajes de agua o animales marinos. Un exceso de agua genera una sensación de ahogamiento e inquietud, no hay dirección; y si hay ausencia no se conecta con la realidad.

Las personas que de acuerdo a su trigrama pertenecen a este elemento, son muy trabajadoras y comunicativas; sensibles a los estados de ánimo de los demás, y muy perceptivas. Los colores que les favorecen son el azul, el blanco y el negro.

Es muy posible que un lugar esté cargado de un elemento y falten otros elementos, esto crea un desequilibrio energético. Para balancearlo, agrega el elemento faltante y recurre al ciclo productivo o destructivo de los elementos. Estos ciclos son cruciales para determinar el equilibrio energético de una casa o negocio, además son la base para muchas soluciones y remedios en el Feng Shui. Si deseas aumentar la energía Madera en una cocina por ejemplo, no es necesario que la pintes de verde, un centro de flores en la mesa o una planta sobre el refrigerador es suficiente, además puedes utilizar un mantel en color verde o con estampado floreado; utiliza tu imaginación para crear objetos de cada elemento.

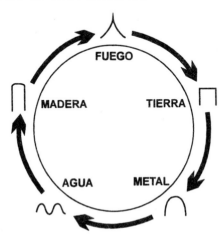

CICLO PRODUCTIVO

En el ciclo productivo, el CHI se desplaza de acuerdo a las manecillas del reloj, cada elemento crea el siguiente, se nutren y fortalecen mutuamente, así tenemos que:

La MADERA

Al arder produce

FUEGO

Éste con sus cenizas produce

TIERRA

Que con sus minerales genera

METAL

Que en su forma líquida fluye como

AGUA

La cual nutre y permite crecer la

MADERA

En el ciclo destructivo de los elementos, el CHI se mueve en línea recta, saltando el elemento que le sigue:

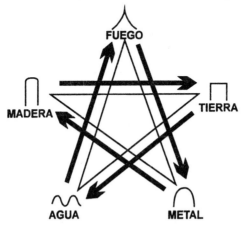

CICLO DESTRUCTIVO

En este ciclo un elemento destruye o domina a otro, y esta es una situación negativa que provoca problemas porque:

> La MADERA
> Con sus raíces consume la
>   TIERRA
> Que absorbe el
>   AGUA
> La que extingue el
>   FUEGO
> Que funde el
>   METAL
> Con el que se tala la
>   MADERA

Cuando uno de los elementos predomina o amenaza a otro, se busca un elemento al que se denomina Controlador, y éste va a crear un balance; un elemento controlador puede ser aquel que destruye al elemento que amenaza.

Por ejemplo, si yo pertenezco al elemento Fuego (por mi trigrama personal), y estoy viviendo en una casa donde predomina el agua, los colores azules o negros, o vivo en un lugar muy cerca del mar, y además tengo un gran acuario, esto representa una amenaza para mí, porque en el ciclo destructivo, el Agua apaga al Fuego. Aquí es donde hay que introducir el elemento controlador, en este caso es aquel que destruye al Agua, y viene a ser el elemento Tierra. Lo que tengo que hacer es colocar adornos de cerámica o barro, cuarzos, y sobre todo, el color amarillo; además también puedo fortalecer el Fuego con el elemento que lo genera (Madera) a través de plantas, así queda restablecida la energía y ya no tengo la amenaza del Agua.

El elemento controlador también se aplica cuando el espacio es compartido por personas de elementos en el ciclo destructivo. En la siguiente tabla podrás encontrar el elemento controlador que amenaza a otro y el que nutre al elemento amenazado.

Elemento natural	Elemento que amenaza o destruye	Elemento Creador	Elemento Controlador
Madera	Metal	Agua	Fuego
Fuego	Agua	Madera	Tierra
Tierra	Madera	Fuego	Metal
Metal	Fuego	Tierra	Agua
Agua	Tierra	Metal	Madera

Otra forma fácil de sacar el elemento controlador, es acudir al ciclo productivo de los elementos, y el que queda en medio de los elementos en cuestión, resulta ser el elemento controlador.

Es importante que te familiarices con los ciclos de los elementos para comprender mejor los capítulos posteriores. Un ejercicio que puedes hacer es observar tu entorno y el interior de tu casa para determinar qué elemento predomina o falta.

El uso de los elementos es muy significativo cuando estamos con cierta actitud hacia la vida:

❧ Si queremos iniciar alguna situación, es importante que esté presente el elemento Madera, pues simboliza los inicios, es una energía de nacimientos, acelera y va hacia arriba.

❧ El elemento Fuego es importante si buscamos expansión; cuando una negociación o relación ya está establecida es conveniente utilizar este elemento, es una energía de crecimiento; descarga, libera.

❧ La Tierra aporta permanencia y estabilidad, recurre a este elemento si requieres estabilidad; es una energía de madurez; fructifica, desacelera.

❧ El elemento Metal es el más adecuado para lograr consolidación; es una energía de recolección; cosecha, condensa, recolecta.

❧ El Agua es el elemento de finales, de cierre de ciclos, es una energía de transformación; final y comienzo.

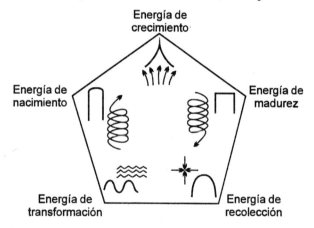

Energías de los Elementos

EL PA-KUA

El pa-kua es una herramienta muy importante para el Feng Shui. Es un símbolo octagonal, en el centro está el yin y el yang y alrededor están los ocho trigramas principales del I Ching que representan distintas áreas o aspiraciones de la vida, las cuales se relacionan a una orientación, un color, un elemento y un número, entre otras cosas. El pa-kua simboliza el viaje de la vida y tiene fundamentos filosóficos y matemáticos; contiene ocho direcciones y un centro, es decir, nueve áreas o lugares diferentes. Nos va a servir para crear ambientes agradables y localizar las áreas afortunadas y las áreas desfavorables dentro de un lugar.

Las aspiraciones o tesoros de la vida representadas en el pa-kua son:

Kan:　　Carrera profesional

Ken:　　Conocimiento y sabiduría

Chen:　Salud y familia

Sun:　　Prosperidad

Li:　　　Prestigio e iluminación

Kun:　　Buenas relaciones y matrimonio

Tui: ☱ Hijos, creatividad y anhelos

Chien: ☰ Benefactores y toda persona o Ser que nos pueda ayudar.

El ser humano que vive en armonía con estas áreas, vive sano y feliz; cuando no es así, el Feng Shui es una herramienta para mejorar algunos aspectos de estas aspiraciones, estimulando la energía para que las cosas funcionen mejor.

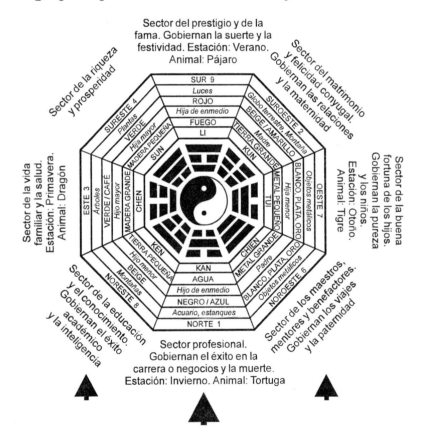

Según la orientación de la puerta principal, en cada sector de la casa se localiza un tipo distinto de energía que tiene que ver con las aspiraciones, y el pa-kua nos va a ayudar a localizarla. Las ocho orientaciones tienen el nombre de los trigramas del I Ching, y como se mencionó anteriormente, se relacionan con un elemento, un miembro de la familia, un número y un color. Los chinos ubican el sur en la parte de arriba y el norte abajo; las figuras que se incluyen siguen este orden.

Trigrama	Símbolo	Orientación	Relación familiar	Elemento	Color
Kan 1	Agua	Norte	Hijo mediano	Agua	Negro, azul
Ken 8	Montaña	Noreste	Hijo pequeño	Tierra	Amarillo
Chen 3	Trueno	Este	Hijo mayor	Madera	Verde
Sun 4	Viento	Sureste	Hija mayor	Madera	Verde
Li 9	Fuego	Sur	Hija mayor	Fuego	Rojo
Kun 2	Tierra	Suroeste	Madre	Tierra	Amarillo
Tui 7	Lago	Oeste	Hija pequeña	Metal	Blanco
Chien 6	Cielo	Noroeste	Padre	Metal	Blanco

Ahora veremos la relación de cada trigrama con las aspiraciones de la vida:

☵ *KAN, Área de la Profesión y el trabajo*

Se ubica en el norte del pa-kua y de la casa. Tiene que ver con lo que uno hace para ganarse la vida; se refiere al trabajo o la profesión y hacia dónde vamos en la vida durante el viaje por este mundo. Se relaciona también con las oportunidades y nuevos proyectos. Pertenece al elemento Agua y sus colores son el azul y el negro.

Estimular este sector cuando:

☯ No estés a gusto en el trabajo.

☯ Estés sin empleo.

☯ Empieces o cambies de trabajo.

☯ Inicies un proyecto.

☯ Necesites una buena remuneración por lo que haces.

Para estimular este sector los recursos son: fotografia de algo a lo que aspiras o de lo que haces; el logo de la empresa donde trabajas o donde aspiras trabajar; no debe faltar el elemento Agua, puede ser una fuente, cuadros que representen agua, acuarios, peceras, objetos de color azul y negro también con objetos de metal, porque en el ciclo productivo el metal favorece al agua. La madera también es muy beneficiosa, por tanto podemos activar con móviles de metal (huecos), objetos de color blanco, plateados o dorados, plantas y el color verde. Se deben evitar los elementos Tierra y Fuego.

☰☰ KEN, Área del Conocimiento y Educación

Se ubica en el noreste del pa-kua y representa la introspección. Se asocia con la educación, la cultura, el intelecto, la sabiduría, el conocimiento de uno mismo y la vida espiritual que puede enriquecer nuestra existencia. Es el lugar adecuado para meditar y tener la mente en paz. Pertenece al elemento Tierra y el color es el amarillo y ocres.

Estimular este sector cuando:

☯ Requieras de concentración para estudiar algo.

☯ Desees meditar y reflexionar sobre ti mismo.

☯ Quieras mejorar el aprendizaje.

☯ Necesites darle un sentido a tu vida.

☯ Intentes descubrir cosas e integrarlas a la vida.

Para estimular este sector los recursos son: libros, fotografías o esculturas de cerámica o piedra (personas sabias, como Moisés, Buda, etc.), cuadros de lugares apacibles y con montañas, cuarzos, esferas de cristal, objetos o adornos del elemento Tierra como la cerámica, arcilla, barro y porcelana, enfatizar los colores amarillo, café y ocre. También con objetos de Fuego que producen Tierra: pirámides, objetos rojos, velas, luces, representación de animales, como un elefante que simboliza sabiduría; los objetos metálicos, redondos y en color blanco y plata también son favorables, porque la Tierra produce Metal. Se deben evitar el Agua y la Madera.

☰☰ CHEN, Área de la Familia, los Antepasados y la Salud

Se ubica en el Este del pa-kua y de la casa. Representa la familia, en particular el padre y la madre, los antepasados, la fortaleza física y la salud. Esta área es muy importante porque cuando tenemos salud podemos lograr lo que queremos. Pertenece al elemento Madera y el color es el verde.

Estimular este sector cuando:

☯ Las relaciones con la familia estén tensas.

☯ Haya competencias deportivas.

☯ Programes una operación quirúrgica.

☯ Un miembro de la familia esté enfermo.

☯ La condición física decaiga y estés agotado.

Para estimular este sector, se debe colocar en el lado Este de la casa plantas, flores frescas, fotografías de la familia que representen amor, muebles y adornos de madera, cosas heredadas, cortinas o carpetas de rayón y algodón. Todo motivo floral, ya sea en cuadros o estampados, objetos heredados de la familia, trofeos (simbolizan fortaleza física), deben ser de color verde. En el ciclo productivo el Agua nutre la Madera, entonces podemos fortalecer este sector con una fuente, cuadros de ríos, lagos, arroyos, la gama de los colores azul y negro; el Fuego también favorece este sector. Coloca una pirámide, una veladora roja o luces. Se deben evitar el Metal y la Tierra.

☰ SUN, *Área de la Riqueza y la Prosperidad*

Se ubica en el sector Sureste de la casa y del pa-kua. Además de la riqueza y abundancia material y económica que necesitamos para vivir bien, se refiere también a las cosas que son valiosas para nosotros; representa la riqueza de nuestros talentos y recursos personales. Pertenece al elemento Madera y el color es el verde.

Estimular esta área cuando:

☯ La situación financiera esté en crisis.

☯ Necesites dinero para comprar o realizar algo.

☯ Quieras sentirte afortunado en todos aspectos.

☯ Tengas deudas.

☯ Desees que la prosperidad esté presente en tu vida.

☯ Necesites fortalecer tu autoestima y reconocer tus recursos personales.

Para estimular este sector, las plantas y flores, sobre todo naturales, no deben estar secas porque atraen SHA. Los paisajes de bosques frondosos, un buda, un cuerno de la abundancia, monedas chinas, cualquier objeto que represente riqueza, colecciones valiosas, joyas o adornos en color verde y de madera ayudarán. En el ciclo productivo el Agua nutre la Madera, una fuente o pecera es ideal, pues simboliza riqueza, así como toda la gama de los colores azul, negro y morado. Como la Madera produce Fuego, los objetos rojos, de forma piramidal o triangular y una vela verde o azul, contienen los dos elementos de la riqueza, haciendo que las luces brillantes estimulen el CHI de la abundancia.

☰☰ *LI, Área de la Fama y el Prestigio*

Se localiza en la parte Sur de la casa. Se refiere al prestigio social y profesional, representa también la imagen que damos al mundo y el carisma que poseemos. La buena reputación atrae buenos contactos, que pueden ser muy útiles para darnos a conocer y generar riqueza. También simboliza la iluminación. Pertenece al elemento Fuego, y el color es el rojo.

Estimular esta área cuando:

☯ Necesites ser reconocido por lo que haces.

☯ Requieras una Luz en tu interior para guiarte.

☯ Desees obtener una buena reputación en tu entorno.

☯ Quieras conseguir una realización personal o espiritual.

☯ Necesites de otros para darte a conocer.

☯ Busques un ascenso.

☯ Tengas un problema legal.

Para estimular este sector los recursos son: diplomas, premios o reconocimientos enmarcados con una moldura en color rojo y cuadros estimulantes. Evita las imágenes abstractas, coloca luces, velas, todo lo que esté en movimiento como un reloj, un estéreo, un móvil; todo objeto que represente animales o personas (el caballo y el águila son muy representativos de este sector), pirámides, obeliscos. En el ciclo productivo la Madera produce Fuego, y las plantas son otro recurso para estimular este

sector, así como la gama del color verde. Una combinación de elementos puede ser una pirámide de
madera en color rojo o una planta en una maceta
roja; los objetos del elemento Tierra son favorables.
Se deben evitar el Agua y el Metal.

☰☰ KUN, Área de las Relaciones y el Amor

Se localiza en el Suroeste de la casa o del pa-kua.
Esta área tiene que ver con la relación de pareja, de
los amigos, de la familia, de los colegas y relaciones
en general, ya sean platónicas, amorosas o profesio-
nales. Depende de la calidad de nuestras relaciones
si somos felices o no, por eso es muy importante no
descuidar esta área. Pertenece al elemento Tierra y
los colores son amarillo, rosa y la gama de los ocres.

Estimular este sector cuando:

☯ Quieras mejorar la relación con los demás.

☯ Necesites el apoyo de la pareja.

☯ Busques una nueva relación amorosa.

☯ Tengas sentimientos de soledad o aislamiento.

☯ Desees relacionarte con más facilidad.

Para estimular este sector tan importante, colocar
una pintura, escultura o poster que simbolice amor,
puede ser una pareja de enamorados (los corazones
o esferas de cristal estimulan el CHI), vasijas, esculturas o floreros bajos de cerámica, piedra o barro,
adornos de colores amarillos y cafés, tórtolas, cuarzos rosas y todo lo que simbolice o represente amor;

todo debe ir en pares. La energía del Fuego produce Tierra, por tanto un toque en color rojo es favorable; puede ser un portarretratos con marco rojo, velas rojas y rosas o un hermoso ramo de rosas rojas que simbolizan el amor. Los objetos metálicos también son favorables.

Comentario de un caso:

La casa de la Sra. Martha Montero es hermosa, no falta nada, tiene todo para que una familia se sienta feliz, además de grandes jardines, está decorada con muy buen gusto. Sin embargo, la Sra. Montero vive sola. Cuando hay problemas en una casa, generalmente me dirijo al lugar para descubrir qué está causando las dificultades. En este caso, el dormitorio de la señora tenía una escultura muy grande e impactante en el área del matrimonio. Le pregunté a Martha qué mensaje le enviaba esta imagen y dijo: "de dolor, de sufrimiento, de soledad...". "¿Cómo ha sido tu relación de pareja?", le pregunté. "Igual", contestó. Sugerí que quitara la escultura de inmediato y en su lugar colocó otra, esta vez una pareja de enamorados. Además en esta misma área, pero en el jardín, tenía un estanque seco y lleno de hojas, obstaculizando aún más sus relaciones. Como el agua no es favorable en la orientación suroeste, se mandó clausurar el estanque y se plantaron rosas y flores multicolores. Como Martha es amante de las esculturas, colocó una gran escultura de cupido. El estado de ánimo de Martha cambió en poco tiempo y se ha reconciliado con su pareja.

☰ TUI, Área de la Creatividad y de los Hijos

Se localiza en la parte Oeste de la casa. Representa la buena fortuna y bendiciones de los hijos; se refiere también a los proyectos personales desde su concepción hasta su conclusión, los logros artísticos y la capacidad creativa y deseos de las personas. Abarca todo lo que se crea y se da a luz. Pertenece al elemento Metal y el color es el blanco, y los tonos metálicos.

Estimular esta área cuando:

☯ Desees tener un hijo.

☯ Quieras mejorar la relación con los niños y los hijos.

☯ Necesites estimular y manifestar tu creatividad e inspiración.

☯ Tengas un proyecto en mente.

☯ Requieras integrar alegría a tu vida.

☯ Hagas un trabajo artístico y creativo.

Para estimular esta área, se deben colocar en la parte Oeste de la casa fotografías de niños con marcos de piuter, detalles o dibujos de proyectos actuales, todo lo que implique arte, como pinturas y esculturas, objetos metálicos de bronce, plata, oro, acero, cobre, aluminio, etc., objetos ovalados o circulares, esferas, campanillas de viento, cristales, objetos o casas que estimulen su imaginación, objetos hechos por uno mismo. En el ciclo creativo la Tierra produce Metal, por tanto los objetos de cerámica, barro, arcilla y porcelana, fortalecen esta área; el color amarillo y la gama de ocres son favorables, los cuarzos y los cristales son también benéficos para este sector. El elemento Agua está en armonía, pero hay que evitar Fuego y Madera.

≡ CHIEN, Área de los benefactores, los Viajes y Amigos Serviciales

Se localiza en el Noroeste del pa-kua y de la casa. Tiene que ver con todas las personas o seres que nos brindan un apoyo, como amigos, maestros, clientes, colegas, guías espirituales y seres celestiales. También se refiere a los viajes y la generosidad. Pertenece al elemento Metal y los colores son el blanco, gris y tonos metálicos.

Activar esta área cuando:

☯ Necesites ayuda en momentos de crisis.
☯ Quieras realizar un viaje.
☯ Desees ayudar y recibir ayuda.
☯ Necesites un maestro o guía espiritual.
☯ Requieras contar con personas que colaboren contigo.
☯ Necesites de gente influyente que te ayude.

Para estimular esta área, colocar objetos metálicos, de forma ovalada o circular; es el lugar ideal para poner un altar con imágenes de santos y ángeles, esferas plateadas, cajas y portarretratos de piuter, colocar el teléfono, fotos del lugar a donde desea viajar, recuerdos de viajes, campanas, objetos de color gris y blanco, así como de forma circular, oval o redonda. La energía de la Tierra es favorable, y los objetos de barro y cerámica estimulan la energía, así como los objetos o adornos en color amarillo. Se deben evitar el Fuego y la Madera.

El pa-kua lo vamos a usar como una plantilla para localizar las ocho áreas; se coloca sobre el plano o croquis de la casa (como en el ejemplo). Hay que ubicar la orientación de la puerta principal con el mismo punto cardinal del pa-kua.

Párate frente a tu puerta principal por dentro de la casa y toma la brújula. La flecha verde siempre va a señalar hacia el Norte. Alínea la N con la flecha verde y la dirección que te queda frente a ti es la orientación de tu casa.

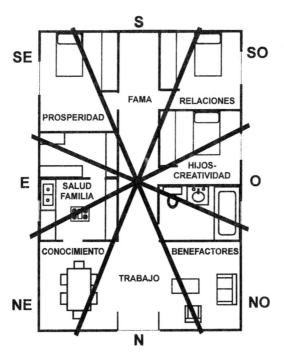

ORIENTACIÓN
Y ENTORNO

L a orientación de la casa es la dirección a la que mira la entrada principal. Hay que utilizar una brújula para que la lectura sea exacta, y tomar la lectura dos o tres veces a diferentes distancias, se debe quitar el reloj, joyas y objetos metálicos; también se debe alejar de autos, tanques de agua y cañerías de gas, porque distorsionan la lectura. Muchas veces la orientación no es exacta a un punto cardinal, sino que está en medio de dos direcciones. Para tener una lectura exacta, a continuación se presentan los grados que abarca cada orientación:

Norte	337.6 — 22.5 °
Noreste	22.6 — 67.5 °
Este	67.6 — 112.5 °
Sureste	112.6 — 157.5 °
Sur	157.6 — 202.5 °
Suroeste	202.6 — 247.5 °
Oeste	247.6 — 292.5 °
Noroeste	292.6 — 337.5 °

Ahora ya puedes empezar a poner en práctica algunas bases del Feng Shui, las cuales vamos a recordar:

☯ Hay que observar el entorno del lugar y determinar a qué elemento corresponde.

☯ Si no están en ciclo productivo, usar el elemento controlador.

☯ También observa qué prevalece más en tu casa, el Yin o el Yang.

☯ Se toma la orientación a la que mira la puerta principal.

☯ Después hay que elaborar un plano a escala de la casa; si no se cuenta con los planos, con ayuda de un metro se mide el largo y el ancho de la casa, de cada habitación, de las escaleras, pasillos, etc. (un metro puede ser equivalente a un centímetro). Por ejemplo, si una habitación mide 3.50 x 2.20 m, equivale a 3.5 x 2.2 cm.

☯ Después se dibuja el pa-kua en el plano de acuerdo a la orientación de la puerta; señala las ocho orientaciones y divídelo en sectores. Por cada planta se hace un plano.

☯ Identificar en el plano las áreas del pa-kua: prosperidad, relaciones, trabajo, etc. La orientación de la puerta principal debe coincidir con la misma orientación del pa-kua. Ejemplo: si mi casa está viendo hacia el Sur, el pa-kua lo coloco con el Sur (trigrama LI) en la puerta principal, resultando que el área de la Fama y Prestigio se encuentra en la entrada de mi casa.

☯ El pa-kua se puede aplicar a cada habitación de la casa.

En terrenos o casas de forma irregular, es común que un área del pa-kua esté ausente o "cortada", esto significa que en esa área de la vida hay problemas si no se "cura" el área faltante. Sin embargo, también puede existir una extensión o sobrante. Para saber si una casa de forma irregular tiene "faltante" o "sobrante", se mide el ancho del sector en cuestión; mide la parte que sobresale y la parte "faltante", si la parte mide más del 50% del ancho de la casa, se trata de una área cortada o ausente, si la parte "faltante" mide menos del 50% del ancho de la casa, se trata de una extensión o sobrante.

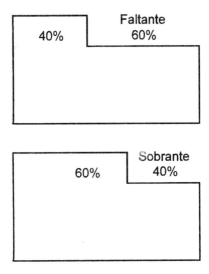

Para restablecer el CHI de un área "faltante", se cura de acuerdo al elemento que corresponde en el pa-kua; por ejemplo, si el faltante está en el área de las relaciones y el matrimonio, que corresponde al suroeste de la casa y pertenece al elemento Tierra, entonces se enfatiza éste y se recurre al elemento que lo produce, en este caso el Fuego. Los espejos también "agrandan" el área "faltante".

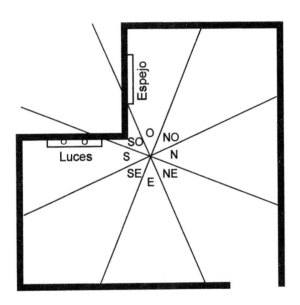

Corte en Área de las Relaciones

ÁREAS FAVORABLES Y ADVERSAS EN UN LUGAR

La escuela de la brújula establece que un lugar tiene áreas favorables y adversas, que no tienen qué ver con la forma del terreno, ni con ningún otro factor, sino según la orientación de la puerta principal. Las áreas favorables atraen, generan o captan CHI, las adversas afectan el interior de una casa en el ámbito del pa-kua donde caen. El siguiente paso, entonces, es localizar estas áreas en la casa. Lo primero que se requiere es saber la orientación de la casa y determinar si es una casa Este u Oeste.

En las casas del Este la puerta principal está orientada al Sur (Fuego), Norte (Agua), Este (Madera) o Sureste (Madera).

En las casas del Oeste la puerta principal está orientada al Noroeste (Metal), Suroeste (Tierra), Noreste (Tierra) u Oeste (Metal).

A las zonas favorables del interior de una casa se les conoce como presagios, y tienen los siguientes nombres:

1.- **YEN NIEN**: Significa longevidad y es una buena zona; aporta paz y armonía, ideal para el dormitorio principal y tener buenas relaciones, favorece los prospectos de matrimonio y el conseguir pareja. Cuando se estimule esta zona mejorarán las relaciones familiares y amorosas.

2.- **SHEN CHI**: Significa aliento generador y crea un CHI vital, ideal para estar largos periodos activo, es la zona más auspiciosa y atrae prosperidad, representa éxito, ascenso y bienestar. Cuando se estimula esta zona mejoran los asuntos económicos.

3.- **TIEN YI**: Significa doctor del cielo, genera bienestar y buena salud, neutraliza energías, es ideal para las personas que padecen de alguna enfermedad o los que sienten la necesidad de alguna regeneración física o mental. Si estás de mal humor, triste o deprimido, descansa en esta área.

Las zonas desfavorables son las siguientes:

4.- **HUO HAI**: Significa accidente y desgracia; esta zona es sensible a accidentes físicos por lo que se deben tomar medidas de seguridad, genera dificultades y problemas legales, es recomendable que la cama no apunte a esta dirección. Es la menos perjudicial de las cuatro.

5.- **KU KWEI**: Significa los cinco fantasmas; esta zona puede ser frecuentada por los espíritus de antepasados, se puede poner un altar o una flor en su memoria. También está relacionada con el robo y las pérdidas financieras, suele ser un espacio engañoso y con obstáculos.

6.- **LIU SHA**: Significa los seis influjos nefastos o los seis asesinatos; ocasiona pérdidas y escándalos, no es aconsejable para una habitación importante, tiene que ver con la pereza y la apatía. Las enfermedades y accidentes son comunes.

7.- **CHUEH MING**: Significa término de la vida o catástrofe total; es la peor de las cuatro, representa desastre, mala suerte, pobreza, enfermedad y desgracia. Se deben evitar los dormitorios y oficinas de directores, puede ser nefasto, se puede utilizar para almacenaje o baños.

El área que sobra es la que corresponde a la entrada y no es considerada ni buena ni adversa, al igual que la parte de arriba, si hay otra planta.

En la figura siguiente se puede observar cuáles son los presagios según la orientación de la puerta principal.

LAS SIETE ESTRELLAS DEL FENG SHUI

ÁREAS FAVORABLES Y DESFAVORABLES DE UN LUGAR

LAS OCHO ENTRADAS	A Liu-sha Las seis Maldiciones	B Wu-Kuei Los cinco Fantasmas	C Hou-Hai Atracción de desgracias	D Yen-Nien Largos Años	E Chuen-Ming Término de la Vida	F Sheng-Chi Aliento Generador	G Tien Chi Monada Celestial
SUR	SO	O	NO	N	NE	E	SE
SUROESTE	SE	S	N	NO	E	NE	O
OESTE	SE	S	E	NE	N	NO	SO
NOROESTE	N	E	S	SO	SE	O	NE
NORTE	NO	NE	SO	S	O	SE	E
NORESTE	E	N	SE	O	S	SO	NO
ESTE	NE	NO	O	SE	SO	S	N
SURESTE	O	SO	NE	E	NO	N	S

Con los pasos que se han dado, ya es posible realizar una evaluación del lugar con los principios básicos del Feng Shui; existen otras fórmulas más complejas y técnicas, pero con este sencillo método se pueden tener efectos muy positivos. Con esta información se pueden ubicar las ocho áreas del pa-kua en una casa, de acuerdo a su orientación y los presagios positivos y negativos del lugar, sin considerar qué compatibilidad hay con las personas que lo habitan. En un principio puede parecer confuso, pero una vez que coloques el pa-kua en el plano de tu casa y aprendas el ciclo productivo y destructivo de los elementos, te será todo más fácil.

El ejemplo muestra cómo se ha colocado el pa-kua en una casa orientada al Sur y dónde están los presagios. En otro capítulo encontrarás las curas universales del Feng Shui para mejorar el flujo energético de las zonas que no son favorables.

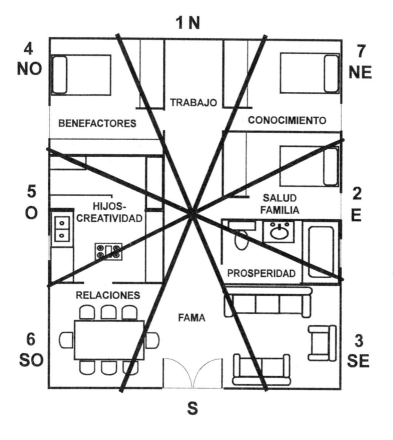

NÚMERO KUA PERSONAL

Ahora vamos a evaluar si el lugar es favorable para nosotros, de acuerdo al número Kua y al trigrama personal. El número Kua basado en los nueve sectores del cuadrado mágico de Lo Shu, señala las orientaciones **personales** positivas y adversas, y se determina de acuerdo a la fecha de nacimiento, con el calendario chino, que es lunar, y por tanto movible. El año nuevo chino comienza con la segunda luna nueva después del solsticio de invierno (21 ó 22 de diciembre), por eso tiende a variar entre mediados de enero y mediados de febrero. Si alguien nació entre estas fechas, deberá considerar como su año de nacimiento el anterior; por ejemplo, si alguien nació el 27 de enero de 1957, su fecha será 27 de enero de 1956; si nació el 3 de febrero de 1968, se considera 3 de febrero de 1967; consulte la tabla "Inicio y Final del Año Chino" al final de este libro, también le permitirá saber a qué signo de la astrología china pertenece.

La fórmula que utilizo es la siguiente:

PARA CALCULAR EL NÚMERO KUA
DE LOS HOMBRES:

a) Sumar los dos últimos dígitos del año de nacimiento.

b) Si el resultado es más de 10, se reducen a un solo número sumándolos.

c) A 10 se le resta el número que quedó y el resultado es el número Kua.

Ejemplos:

06 de noviembre de 1937   27 de enero 1957 (se toma 1956)

3 + 7 = 10, 1+ 0 = 1   5 + 6 = 11, 1 + 1 = 2

10 — 1 = 9   10 — 2 = 8

es el número Kua   es el número Kua

PARA CALCULAR EL NÚMERO KUA
DE LAS MUJERES:

a) Sumar los dos últimos dígitos del año de nacimiento.

b) Si el resultado es más de 10, se reducen a un solo número sumándolos.

c) Al número que quede súmale 5 y el resultado es el número Kua.

Ejemplos:

19 de agosto de 1949   2 de febrero de 1978 (Se toma 1977)

4 + 9 = 13; 1 + 3 = 4   7 + 7 = 14; 1 + 4 = 5

4 + 5 = 9   5 + 5 = 10; 1 + 0 = 1

es el número Kua   es el número Kua

El número 5 que corresponde al centro del pa-kua no se utiliza, las mujeres que tengan este número, deberán reemplazarlo por el 8 y los hombres por el 2.

El número Kua tiene que ver con un trigrama, una orientación y un elemento, también señala si la persona pertenece al grupo Este u Oeste. Las personas del grupo Este, deben vivir en una casa Este, y quienes sean del grupo Oeste, deben buscar una orientación de este grupo. Si tu casa no es compatible con la orientación personal, coloca tu cama o escritorio orientado a un punto favorable.

Personas que pertenecen al grupo "Este":

Kua	Trigrama	Orientación	Elemento
1	KAN	NORTE	AGUA
3	CHEN	ESTE	MADERA
4	SU	SURESTE	MADERA
9	LI	SUR	FUEGO

Personas que pertenecen al grupo "Oeste":

2	KUN	SUROESTE	TIERRA
6	CHIEN	NOROESTE	METAL
7	TUI	OESTE	METAL
8	KEN	NORESTE	TIERRA

En el siguiente dibujo encontrarás, de acuerdo a tu número kua, cuáles son las orientaciones favorables y desfavorables.

NÚMERO KUA Y SUS ORIENTACIONES

Número Kua	Shenh - Chi Prosperidad, posición en la vida	Yen - Nien Relaciones, armonía familiar	Tien - Chi Salud, paz y bienestar	Fu - Wei Buena suerte, armonía global	Huo - Hai Dificultades, discusiones	Liu - Sha Oportunidades, pérdidas o energías negativas	Wu - Kuei Mala suerte, pérdidas	Chueng - Ming Es la peor de las orientaciones, pobreza
1	SE	S	E	N	O	NO	NE	SO
2	NE	NO	O	SO	E	S	SE	N
3	S	SE	N	E	SO	NE	NO	O
4	N	E	S	SE	NO	O	SO	NE
6	O	SO	NE	NO	SE	N	E	S
7	NO	NE	SO	O	N	SE	S	E
8	SO	O	NO	NE	S	E	N	SE
9	E	N	SE	S	NE	SO	O	NO

Los hombres que tengan en número cinco, se cambia por 2
Las mujeres lo cambian por el número 8

Las áreas favorables y desfavorables representan un tipo concreto de energía de acuerdo al número Kua, y son las siguientes:

A.- Abundancia y prosperidad es la mejor orientación personal, proporciona éxito y felicidad; coloca tu cama y escritorio hacia esta dirección.

B.- Esta área armoniza las relaciones, es la mejor ubicación si se dificulta encontrar una pareja o hay problemas en una relación sentimental o de negocios.

C.- Área que trae buena suerte, paz y armonía; es el lugar ideal para estudiar y reflexionar, facilita los procesos de pensamiento y trae claridad mental.

D.- Salud; en este sector es recomendable colocar la cabecera de la cama, pues resulta muy favorable si te encuentras enfermo.

E.- Contratiempos; si estás de frente a esta orientación, las cosas no salen como uno quiere.

F.- Genera discusiones en el trabajo y en el hogar. Mala suerte y robos; es una influencia negativa.

G.- Problemas legales y de salud, negatividad, las oportunidades se diluyen; hay que evitar esta orientación.

H.- Es la peor de las orientaciones, se debe evitar; provoca improductividad, pobreza, pérdidas y desastres.

Las orientaciones favorables se deben considerar siempre y estar de frente a alguna de ellas. Si estás tratando un asunto muy importante, como firmar documentos, tomar decisiones, hacer un negocio, etc., debes estar de cara a la orientación positiva, el escritorio también debe apuntar a un punto favorable. Si quieres activar el amor en tu vida, localiza el sector que genera buenas relaciones y diariamente vístete de frente a ese punto cardinal; también es recomendable que actives este sector con los remedios del Feng Shui de acuerdo al elemento que corresponda.

Cuando el elemento de la casa está en desarmonía con el elemento de la persona, la casa resultará perjudicial y causará trastornos. Hay que recurrir al ciclo de los elementos para equilibrar o modificar la puerta de entrada hacia una orientación favorable; recuerda que siempre que arregles o modifiques algo en tu casa, estás integrando nuevas energías.

Historia de un caso:

Ana Elena (29 años) y Alejandra (58 años) son dos mujeres completamente distintas, tanto física como en su nivel social. Ellas no se conocen entre sí, pero al visitar su casa, las dos tenían el mismo problema: ausencia de pareja. Ana Elena es soltera y vive sola en un departamento pequeño, viene de la provincia y son pocas sus amistades. Alejandra es una señora que enviudó hace algunos años, no tiene hijos y vive sola en una casa grande. Ambas tienen un buen trabajo, y las relaciones con el resto de la familia son estables, el problema radica en la ausencia de pareja.

Además de hacer pequeños cambios en la casa, nos enfocamos a activar y fortalecer en el sector suroeste de cada lugar, sobre todo el sector personal que corresponde a las relaciones (B), de acuerdo a su número Kua. Por un lado, el número Kua de Ana Elena es el 1, y el sector personal del amor es el Sur; Alejandra es 4 y su orientación favorable para el amor es el Este. Para atraer el CHI hacia el área del romance hicimos lo siguiente:

El sector suroeste del departamento de Ana Elena no existe, está "cortado" porque está el cubo de luz; aquí se refleja la problemática en su relación de pareja. Se colocaron dos grandes esferas de cristal en la ventana del dormitorio, en el mueble puso adornos de porcelana alusivos al amor, y en la pared sobre su cama colocó un gran cuadro de una pareja de enamorados. En la sala acomodó un espejo para dar amplitud y sobre el pasillo instaló dos spots hacia el cubo de luz, para iluminar la zona del amor. Con estas sencillas curas Ana Elena descubrió que tenía un vecino soltero, y ¡ya tienen planes para casarse!

En la casa de Alejandra se realizó una limpieza energética muy profunda, se sentían vibraciones de ausencia, tristeza y pérdida, era una casa demasiado Yin. Además ella es una persona que corresponde al grupo de los Este, y su casa está orientada al Oeste, no es una casa que le favorece. Se pintó en su totalidad la casa, renovó los muebles con motivos más Yang, utilizamos cuadros, esculturas y color para activar el sector personal del amor, y sobre todo, cambió su cama (cuando hay un divorcio o viudez, es muy importante comprar una nueva cama, y si la mujer está sola, es importante que la cama donde duerme sea matrimonial, nunca individual). Como la puerta de su casa no le es favorable, colocamos la cama con la cabeza apuntando al Este. Así como cambió y renovó su casa, así le cambió la vida. Como una coincidencia, ella también tiene como pretendiente al vecino de la casa de al lado, aunque es más joven que ella, llevan una relación armoniosa.

El Feng Shui les abrió las puertas a una nueva relación, pero lo más importante es que ellas cambiaron su actitud hacia los hombres, pues pensaban que era imposible entablar una relación, y al cambiar ellas y "sanar" su casa, se eliminaron los obstáculos que les impedía encontrar pareja.

LOS ASIENTOS DE PODER

Ahora que ya conoces tu número kua, no desaproveches su poder; a cada lugar que acudas, ya sea cita de negocios o una cita amorosa, siéntate de cara a la posición favorable, compra una brújula sencilla y localiza el mejor lugar, colocando tu escritorio o cama hacia una de las orientaciones favorables. Si te mudas a una nueva casa, escoge una que esté orientada hacia un punto favorable.

Además de estar de cara a tu mejor orientación, tienes que considerar que siempre debes tener el control visual de la puerta, nunca debes trabajar o dormir dando la espalda a la puerta, aunque estés de frente a una orientación favorable. En este caso es mejor mirar hacia la puerta, para ver claramente a todos los que entran.

Evita sentarte en un lugar donde percibas que la energía se estanca, asimismo elige el asiento que se apoye en un muro y no en una ventana. Los sillones que tienen "apoya brazos" resultan más favorables, pues trasmiten una sensación de protección; los taburetes o bancos significan que no tienes apoyo y respaldo de los demás, evita sentarte en ellos por mucho tiempo.

Otra cosa que puedes hacer para estimular el CHI personal, es utilizar la silla o sillón donde generalmente trabajas de acuerdo a tu elemento personal. Los asientos que pertenecen al elemento Madera, obviamente son de este material, pero también pueden ser de una tonalidad verde o con algún estampado discreto y con el respaldo alto y angosto. Los asientos Fuego son de piel, en color rojo oscuro y de formas angulosas. Un sillón cuadrado, en colores terrosos (marrón, café, beige, ocre) y de base ancha corresponde al elemento Tierra. Un asiento Metal se caracteriza por su estructura metálica o su forma oval. Los asientos Agua son aquellos de cierta forma circular, de color azul oscuro o negro.

PARTES
DE LA CASA

ENTRADAS

Después de observar las condiciones del entorno y el frente de la casa, así como las condiciones del CHI circundante, el siguiente paso es ver qué se experimenta al acercarse a la entrada del lugar.

Si se trata de una casa, el sendero que conduce a ella debe ser ondulante, nunca recto. Se deben "curar" o sellar las coladeras que estén frente a la entrada. Si existe un árbol frente a la puerta de entrada, lo mejor que se puede hacer es derribarlo, porque ocasiona que la gente no prospere y existe la sensación de bloqueo.

Soluciones: Si no se puede eliminar ni cambiar la posición de la puerta de entrada, hay que colocar un espejo convexo sobre una base roja para disminuir el SHA que produce; este mismo procedimiento se puede utilizar para cualquier cosa que amenace la entrada de la casa, como "flechas secretas" o cualquier punta angular, postes de luz, etc. Otra solución contra el árbol que amenaza, es atar 9 cordones rojos en medidas de múltiplos de 9 al tronco y refrendar con los tres secretos.

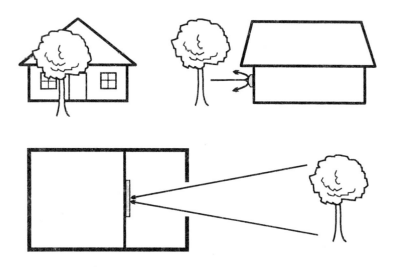

Una casa al final de una calle sin salida, no es la ideal si quieres tener tranquilidad en la vida. **Solución:** Crear un camino con piedras redondeadas para desviar el SHA y colocar una planta en cada lado de la puerta. Si en el frente de la casa existieran barrotes, existe la tendencia a que los habitantes tengan problemas legales. **Solución:** Colocar círculos entre uno y otro.

Es muy importante que la puerta principal sea fácil de abrir, así la vida será más fácil. Intenta entrar a tu casa como si fuera la primera vez, y fíjate qué es lo primero que miras y qué sensación tienes. Hay que evitar demasiadas plantas o enredaderas que escondan la entrada a la casa.

Si quieres crear una sensación de seguridad, coloca un par de guardianes o protectores a la entrada de la casa, que pueden ser plantas. Los helechos son magníficos, además son excelentes generadores de iones negativos; también los ángeles, esculturas de animales o lo que a ti se te ocurra estará muy bien. De esta manera habrás establecido alrededor de tu casa un campo energético que te protegerá y que dará la bienvenida a los habitantes de la casa. Se deben activar con los tres secretos. Si la entrada está orientada al suroeste o al noreste, un recipiente con sales marinas aportará estabilidad.

Solución

Los números de la entrada deben colocarse en diagonal hacia arriba; prueba y verás que paulatinamente irás en ascenso. La entrada a la casa debe estar bien iluminada para mejorar el CHI del entorno.

Según los principios del Feng Shui, no es favorable que un inmueble esté situado por debajo del nivel de la vereda, pues ocasionaria problemas en la profesión. **Solución:** Colocar luces dirigidas al techo de la propiedad.

PUERTAS

La puerta principal de la casa representa el contacto con el mundo exterior y actúa también como protección; es la "boca" por donde entra el CHI y las oportunidades, y se distribuye por los pasillos (venas de la casa); por tanto, debe ser fácil de abrir, así tu vida será más fácil. La ubicación de la puerta define el tipo de energía que entra a la casa; es mejor que la puerta esté a la izquierda mirando de adentro de la casa hacia afuera, porque este lado pertenece al dragón verde y genera un CHI muy beneficioso que rodeará a la casa. La puerta principal es la que se utiliza para colocar el Pa-kua, aunque haya otras puertas y se usen más que la principal. La basura nunca debe dejarse al lado de la puerta principal.

Para favorecer el CHI, es conveniente que la puerta de entrada esté pintada de acuerdo a la orientación o de acuerdo al elemento que corresponde al dueño de la casa.

El siguiente dibujo muestra los colores favorables para cada orientación; si no te es posible tener el color de la puerta de acuerdo a la orientación, coloca un tapete de ese color.

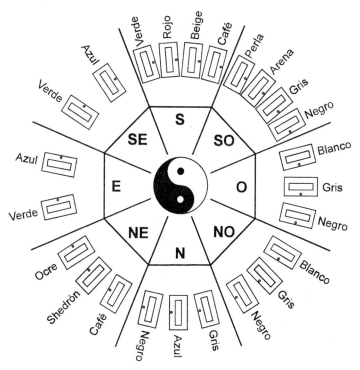

El color y el pa-kua de las puertas

La puerta de entrada no debe rechinar, y el tamaño debe ser proporcional al tamaño de la casa; si la puerta principal mira hacia una dirección favorable, es mejor que sea un poco grande, pero si la orientación no favorece, la puerta puede ser más chica. Una puerta excesivamente grande crea muchos gastos, y las puertas demasiados pequeñas provocan discordia y discusiones.

Si hay puerta trasera, debe ser más chica que la de entrada y no debe estar alineada con ella, porque el CHI sale directamente por la puerta trasera. **Solución:** colocar una esfera faceteada de cristal o un móvil para crear una "pantalla".

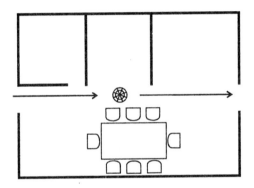

El timbre debe estar a la vista; uno que no funciona nos limita en las relaciones y nos hace sentir aislados. Una campana de metal o un móvil metálico hueco es ideal para las puertas orientadas al oeste, noroeste, suroeste y noreste; asegúrate que su sonido sea placentero.

EL LADO INTERNO DE LA PUERTA PRINCIPAL

Cuando entras a la casa, es muy importante lo primero que ves. La habitación que está frente a la puerta principal tiene una relación con los habitantes de la casa; si es una cocina, quizá piensen en comer, entonces tenderán a tener problemas de peso; si es el baño se verán condicionados; si da a un dormitorio vivirán desganados; si da a un estudio, los moradores pensarán mucho en el trabajo y no se relajarán, sin embargo, aprenderán más cosas; si es a una sala de juegos, la gente tomará muchos riesgos.

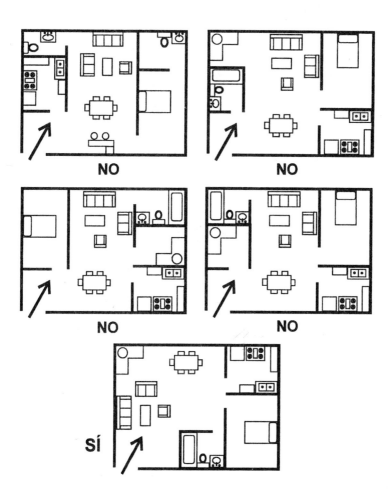

La puerta principal debe dar a un lugar espacioso y luminoso, debe mantenerse en orden y libre de obstrucciones. Si lo primero que está es la sala, esto mantendrá a la familia unida y en armonía; si es el comedor, habrá paz y convivencia.

El olor de la casa es importante, hay lugares que al entrar huelen a humedad, a "encierro" o a animales domésticos, esto causa efectos negativos. Ventila la casa y coloca unas flores, incienso o una veladora aromática, esto producirá un olor fresco y agradable. Si la entrada de la casa es oscura, fría y con techos bajos, habrá restricciones y pobreza; esto se puede solucionar con el uso de colores brillantes y un espejo.

Si al entrar lo primero que ves es un muro, habrá obstáculos y la gente se sentirá presionada en su vida. **Solución:** Colocar un espejo o un cuadro; visualmente "desaparecerá" la pared. También se puede colgar un móvil o una esfera de cristal para dispersar el CHI al interior de la casa. Los expertos señalan que debe haber una distancia de dos metros entre la puerta de entrada y una pared.

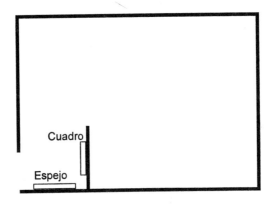

Si existe una escalera frente a la puerta principal es posible que las oportunidades, el amor y la fortuna salgan "corriendo" por la puerta, porque el CHI se desplaza en línea recta por los escalones. **Solución:** Bloquear la vista de la escalera con un biombo o una planta al costado; un móvil o esfera de cristal creará una pantalla entre la escalera y la puerta.

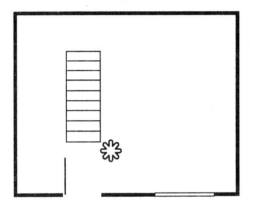

Varias puertas alineadas en un largo pasillo crean un desequilibrio del CHI. **Solución:** Es aconsejable colgar campanillas de viento, campanas, esferas de cristal o espejos como en el dibujo.

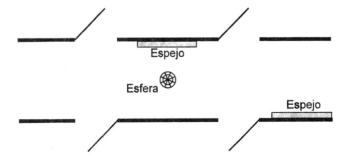

Todas las puertas deben abrir hacia adentro, a excepción de la puerta trasera, que debe abrir hacia afuera. Las puertas de los baños hay que mantenerlas cerradas para evitar que el dinero se fugue.

Tres o más puertas seguidas son como un río, generan un CHI demasiado fuerte. **Solución:** Colgar una esfera de cristal o colocar espejos en las paredes. Al abrir una puerta no se debe ver una pared con fotografías de personas, es un bloqueo.

Ejemplo de un caso:

Rosy vive con Alfredo, su segundo esposo que es varios años mayor que ella, tienen tres hijos, y desde que se mudaron a su nueva casa, los problemas económicos y familiares no faltan; ella señala como "caótica" su situación actual. Inmediatamente descubrí algunas cosas, lo primero fue un gran árbol seco frente a la puerta principal que ha destruido en gran parte la banqueta, y por tanto, no usan la puerta principal porque no se puede abrir; en su lugar usan la puerta del garage, y además el timbre no funciona. Asimismo las dos puertas de entrada están frente a la puerta trasera del jardín, y la escalera está a la entrada de la casa. Seguí observando la casa. Una parte de la cocina estaba colocada ¡debajo de la escalera!, y es justamente el área de la salud y la familia. Esta casa es el vivo ejemplo de lo que es un mal Feng Shui. Su esposo está continuamente enfermo, al igual que el hijo más pequeño; las finanzas estaban bloqueadas por una mesa de hierro y una lámpara de latón. Hubo que hacer muchos cambios, empezando por el color, pues era una casa demasiado Yin, y lo que necesitaba era vida. Se colocó una "araña" de cristal en medio de las puertas. Solicitó un permiso a la delegación para derribar el árbol y el arreglo de la banqueta; para estar en contacto con el mundo, se reparó el timbre. La mesa de hierro y la lámpara se sustituyeron por una mesita de madera y una fuente, la posición de las camas se modificó y se eliminaron los cuadros de la sala que denotaban soledad. Para elevar el CHI de la cocina se colocaron dos flautas de bambú, una esfera de cristal y algunas plantas. La salud de Alfredo mejoró de inmediato; en menos de tres meses los cambios fueron notorios, el estado de ánimo de la familia era otro, más positivo y entusiasta, y su negocio empezó a generar más ganancias.

VENTANAS

Al igual que las puertas, las ventanas son canales para que el CHI entre y salga de un lugar, hay que asegurarse que abran con facilidad y deben guardar un equilibrio con respecto al tamaño de la pared. La forma también es importante; las rectangulares y cuadradas estimulan un mayor flujo de CHI; las ventanas en pico o triangulares no son muy usuales, pero representan una amenaza; las ventanas en forma de arco son favorables para la economía de los habitantes. Un exceso de ventanas genera un exceso de energía Yang, y dicen los especialistas que produce discordia entre padres e hijos; la escasez de ventanas restringe el flujo del CHI y estimula el Yin del lugar.

Lo más recomendable es que abran hacia afuera, para captar mayor CHI; las ventanas corredizas restringen el flujo de la energía, si las ventanas abren hacia dentro obstaculizan el desarrollo profesional. **Solución:** Colocar un cristal. Cuando los ventanales están muy cerca del piso crean inestabilidad. **Solución:** Colocar objetos sólidos y muebles bajos. Si la ventana se abre hacia arriba dificulta la toma de decisiones, más aún si no se abre con facilidad. **Solución:** Colocar un cristal. Las que generan mayores problemas son las de tipo persiana, porque fragmentan el CHI que entra y crean estancamiento. **Solución:** Poner una esfera de cristal.

Es importante abrirlas completamente, por lo menos una vez a la semana para que el CHI entre y además se ventile el lugar, renovando la energía existente; si las cortinas se mantienen cerradas, es posible que te sientas deprimido y aislado. Los vidrios hay que mantenerlos limpios y cambiar los que estén rotos. Colocar una esfera de cristal en las ventanas es símbolo de la luz y del arco iris, además de ajustar la dirección del CHI, aun cuando sea colocada detrás de una cortina y no se vea. Por último, hay que evitar sentarse o dormir bajo una ventana, asimismo se debe evitar que una ventana esté frente a la puerta principal.

Las cortinas son una opción para regular el flujo del CHI; unas cortinas gruesas son adecuadas para una casa con muchas ventanas, pues al cerrarlas se crea una atmósfera más acogedora. Si la cama se encuentra muy cerca de una ventana, también es conveniente colocar cortinas pesadas y correrlas durante la noche. Para las cortinas utilice telas naturales y estampados adecuados a la orientación; se deben mantener limpias para eliminar el polvo y el CHI que se estanca. Las persianas verticales se utilizan para achicar un lugar demasiado amplio.

ESCALERAS

Las escaleras canalizan el CHI de un lugar hacia otro, por lo tanto es importante tomar en cuenta algunas indicaciones. Las escaleras rectas no son favorables, conducen el CHI con mucha rapidez; es mejor que sean un poco curvas. No deben estar situadas frente a la puerta de entrada, las oportunidades, amor y dinero, saldrán de frente por la puerta. Resulta muy difícil concentrarse y relajarse si la escalera termina frente a una puerta, esto se soluciona bloqueando la escalera con una planta.

Las escaleras que tienen huecos en los escalones dan la sensación de inseguridad, sobre todo a los niños. **Solución:** Rellenar o colocar plantas debajo para elevar el CHI. Las escaleras en espiral o caracol, desde el punto de vista del Feng Shui, resultan las más perjudiciales, dan la sensación de saca corchos que atraviesan la casa y cortan el CHI, sobre todo si están en el centro de la casa. **Soluciones:** Colocar una hiedra abajo de la escalera; también es recomendable una luz de arriba hacia abajo o pintarlas del color del área donde se encuentren. Si una escalera atraviesa el centro de la casa, ocasiona conflictos entre los habitantes y tiende a dividir la familia en dos. **Solución:** Colocar plantas frondosas o esculturas al pie y al final de la escalera.

Es muy común que exista un baño debajo de la escalera, lo ideal es pintarlo del color del área en que se encuentra, colocar una planta en el depósito del agua y que crezca hacia arriba sobre un espejo octagonal. Otro factor que hay que considerar es el barandal, las escaleras que no lo tienen, causan inseguridad y temor. **Solución:** Colocar una plantita viva o de seda en cada escalón. En los edificios la escalera que desciende y está frente a la puerta de un departamento será perjudicial para la economía de los habitantes, para desviar este efecto hay que colocar una planta entre la puerta y la escalera.

Las escaleras deben estar bien iluminadas; sobre los muros los cuadros estimulan el CHI; los escalones deben ser macizos y firmes. El número de escalones también influye, lo ideal es que sean escaleras o escalinatas de: uno, dos, cinco, diez, trece, catorce, diecisiete, veintidós, veinticinco, veintiséis o veintinueve escalones.

RINCONES Y ESQUINAS

Los rincones son los puntos donde tiende a estancarse el CHI, también retienen el polvo, originando una energía SHA. Los perros son buenos "detectores"

donde hay puntos de intensidad patógena y recha-
zan el rincón que les asignan si está situado sobre
un nudo de red de Hartmann; en cambio se sienten
felices en los lugares neutros; sin embargo, debes
tener cuidado con los lugares que eligen los gatos,
pues suelen sentirse bien en los lugares nocivos de
la casa; observa en que área está el rincón que elige
el gato y "cúralo" con una planta o un cuarzo. Un
rincón olvidado puede provocar estancamiento; para
acelerar el flujo de la energía en cualquier rincón, se
puede colocar un cuadro, plantas, objetos de colores
brillantes, esculturas o una mesita redonda con una
lámpara.

Un rincón no debe utilizarse para "guardar" cosas
que no se usan, como cajas vacías, bolsos, macetas
vacías, etc., sólo producirán estancamiento. Una esquina olvidada "revivirá" con un jarrón de flores de
seda o con un móvil colgado del techo; utiliza cualquier opción, lo importante es dar movimiento al
rincón o esquina.

VIGAS O TRABES

La filosofía del Feng Shui no recomienda el uso de
vigas, son verdaderas "flechas envenenadas" y crean
un ambiente pesado y opresivo. Las personas que
duermen, comen o trabajan bajo el influjo de una
viga, se sienten agobiadas y con una sensación de
molestia. Mientras más pesadas y oscuras, más
problemáticas son, pero si los techos son altos,
tiende a disminuir su efecto. Si una viga atraviesa
verticalmente al centro de la cama, tiende a causar

problemas y hasta una separación en la pareja puede haber; también suelen causar problemas en la parte del cuerpo donde pasa una viga horizontal.

Las vigas pueden causar impedimentos y hasta depresión si están en la cocina o el comedor. Las personas que trabajan bajo el efecto de una viga tienen una sensación de presión, inseguridad y lentitud, y su trabajo no es óptimo, además limitan la creatividad.

Las vigas de acero representan mayor problema que las de madera, y más si éstas soportan el peso de otros pisos.

Soluciones:

◉ Solución rápida: quitar la cama o el escritorio que está bajo la influencia de las vigas.

◉ Pintar las vigas con colores claros, de preferencia del mismo color que el techo.

◉ Esconder las vigas con un cielo raso o tela en forma de pabellón árabe; el problema aquí es que acumulan mucho polvo y hay que lavarlas continuamente.

◉ Las plantas colgantes suavizan el efecto opresivo; también se pueden adornar para destruir el SHA que emanan.

◉ En la tradición china se utilizan flautas de bambú atadas con una cinta roja formando la forma octagonal del pa-kua, para elevar el CHI del lugar.

◉ No colgar bajo las vigas objetos pesados y oscuros.

Ejemplo de un caso:

En la bodega de una firma refresquera, la oficina del director de finanzas no era la más adecuada, aunque estaba ubicada en el área de la prosperidad, que corresponde al elemento Madera. Esta persona estaba agobiada por su trabajo. Cuando yo estuve en la oficina, daba la sensación de que el tiempo no le alcanzaba, lo percibí un tanto preocupado; me comentó que se sentía muy presionado y que las cosas no salían bien, a pesar de que él es un excelente profesional; además, continuamente tenía dolor de cabeza, y con justa razón: arriba de su escritorio pasa una gran viga de acero. No había manera de cambiar el escritorio para salir de la influencia de la viga; sugerí cambiar a un lugar contiguo la oficina; tiene una orientación favorable para el director y además sigue en el área de la prosperidad. Sin embargo, otra gente debía ocupar este lugar y la viga estaba amenazando las finanzas de la empresa. Nos pusimos manos a la obra y la viga se pintó en la parte hueca y no visible de color rojo (el Fuego funde el Metal) para destruir la energía opresora, y para fortalecer la Madera se pintó en color azul simbolizando el cielo y se forró con láminas de madera (las "curas" quedaron ocultas). Una de las paredes se forró también con madera y se colgó una planta de la viga. Una pecera artificial en el sureste de la oficina favorece el flujo de las finanzas y da una sensación de relajación.

La oficina se había transformado en un lugar positivo y productivo, y a la persona que ocupa este lugar, le reconocieron sus méritos.

TECHOS

El techo debe ser proporcional al tamaño de la casa. Una casa grande justifica techos más altos; sin embargo, en los departamentos los techos se construyen cada vez más bajos, creando una sensación de opresión para sus habitantes y demasiada energía Yin. **Solución:** Colocar un espejo grande vertical en alguna pared y luces dirigidas hacia el techo; las plantas con crecimiento hacia arriba serán muy benéficas para elevar el CHI del lugar.

Los techos demasiado altos producen una energía muy Yang y resultan incómodos, las personas suelen sentirse "pequeñas" o insignificantes y tenderán a salir del lugar. **Solución:** Pintar una línea con cenefas a la altura deseada, visualmente parecerá que disminuye la altura del techo; otra solución es colocar un cielo raso o pintarlo de un color oscuro (Yin).

Los colores claros son los más adecuados; los colores oscuros son poco favorables y sólo deben usarse cuando el techo es muy alto.

Los techos inclinados se consideran que tienen un mal Feng Shui, impiden que el CHI circule con facilidad y producen un desequilibrio visual. No es aconsejable dormir o trabajar en la parte más baja del techo, pues las personas se sentirán amenazadas e inquietas. **Solución:** Pintar una línea de cenefas para emparejar el techo y no colocar muebles del lado bajo para estabilizar el CHI; en cambio puedes colocar un espejo y una luz dirigida al techo; también se puede recurrir a las clásicas flautas de bambú para elevar el CHI del lugar; los roperos o clósets debajo de la inclinación ayudan a dar una forma más regular.

COLUMNAS

Las columnas resultan una amenaza, la energía se desplaza rápidamente en línea recta generando SHA, sobre todo las que tienen forma rectangular, que además generan "flechas envenenadas" por los ángulos salientes; el SHA debe ser calmado; las columnas redondas son menos dañinas, pero deben disimularse con una planta para evitar la sensación de obstáculos.

Soluciones:

❧ Pueden suavizarse con plantas altas de hojas redondeadas o envolverlas con tela, otra opción es pintar en las columnas paisajes o flores.

COCHERAS

Lamentablemente, en la mayoría de las casas, la cochera ocupa la parte delantera, pasando a un segundo término la casa, por tanto es el lugar que recibe al CHI. Si la cochera además está repleta de cosas inútiles y en desorden, se convierte en una fuente de energía SHA y produce que los habitantes de la casa anden acelerados. **Solución:** Embellecer el lugar de acuerdo al elemento que corresponda en el pa-kua y retirar todo lo que no se use o guardarlo en estantes bien ordenados, la finalidad es que esta parte de la casa sea acogedora y atractiva e invite a entrar al CHI.

Si la cochera está abajo de un dormitorio, y peor aún, si la cama está en línea con el coche, la gente que vive en esta casa se levanta al día siguiente como si no hubiera dormido y tienden a sufrir de estrés. Un automóvil parado es como una antena que activa todas las vibraciones procedentes del subsuelo, en especial la rejilla de la red de Hartmann, produciendo malestares en la gente. **Solución:** Integrar en la cochera el color rojo a través de cuadros, posters, algún dibujo piramidal o un tapiz, y colocar plantas. Si el dormitorio está arriba de la cochera, se puede colocar un espejo para que reboten las energías malsanas. Lo ideal es que la cochera esté a un costado de la casa.

EL COCHE

Es conveniente tener un coche del color según al trigrama de la persona; para saberlo consulta cuál es tu número Kua (pág. 68) y el Pa-kua del Color (pág. 159); por ejemplo, a una persona que pertenece al trigrama Chien, le favorecen los colores plata y blanco, por la secuencia del ciclo productivo de los elementos, también el marrón y amarillo. Otra forma de elegir el color del coche, es de acuerdo a la personalidad de la persona, si tú consideras que eres una persona Yang, es decir muy activa y que siempre anda apurada, no te conviene un coche Yang (rojo), es mejor que utilices la energía Yin para que conduzcas más tranquilo; un auto en color azul, negro o gris, será lo más recomendable; en la página 32 está la tabla de colores yin y yang.

El coche es un reflejo de la personalidad, al igual que la casa, y muchas personas pasan varias horas del día en él. En la actualidad el coche es un artículo de primera necesidad, también es una fuente de trabajo para numerosas personas; por tanto es conveniente tener una relación amistosa con el automóvil, debemos ponerle un nombre y "conversar" con él, después de todo nos presta un gran servicio. Para que tenga un buen CHI, es necesario que siempre esté limpio y que todo funcione correctamente. El hecho de que el auto tenga muchos años, no es pretexto para que no se tenga todo en óptimas condiciones.

Hay varias cosas que generan SHA en el coche y que pueden causar daño:

☯ Luces que no funcionan.
☯ Cristales rotos.
☯ Rueda de repuesto en mal estado.
☯ Puertas que se atoran.
☯ Cajuela abarrotada de objetos ajenos al coche.
☯ Basura: envolturas de dulces, papeles, etc.
☯ "Rayones" y golpes.

BALCONES

La función del balcón es tener un espacio para colocar plantas y de alguna manera estar en contacto con la naturaleza. Un balcón es una extensión de la casa o departamento; lamentablemente he visto muchos balcones convertidos prácticamente en basureros, donde se "guardan" objetos que no se deciden a tirar, como botellas de refrescos que ya no se usan, macetas vacías o con plantas secas, bicicletas o patines oxidados, ladrillos o materiales de construcción sobrantes, en fin, la lista puede ser muy larga; todo esto sólo genera energía SHA y paraliza un área de tu vida de acuerdo al pa-kua.

Fomenta la energía CHI de esta parte de tu casa y decora de acuerdo al punto del pa-kua en que está ubicado el balcón; por ejemplo, lo más adecuado para un balcón que está en la parte noreste o suroeste de la casa, que pertenecen al elemento Tierra, son las esculturas de piedra, arcilla, barro o cantera; si el balcón está en el lado este, sureste o sur de la casa, llénalo de plantas multicolores en macetas pintadas con color verde, rojo o azul, así estarás fomentando la riqueza de la familia. Al balcón que se ubica en el oeste y noroeste de la casa, relativo al elemento Metal, le van bien las plantas de hojas redondeadas y macetas circulares de materiales reflejantes; una jardinera de hierro para colocar varias plantas fortalecerá el CHI; las macetas pueden ir en color blanco o amarillo. Si el balcón está en el lado norte de tu casa, las plantas que crecen en agua son adecuadas; las plantas Yang como los crisantemos, las camelias o las gardenias equilibran la energía Yin del lugar; utiliza macetas de color negro, azul o blanco para estimular el CHI. Las plantas forman parte de tu entorno y campo energético, cuídalas, y si alguna se seca hay que retirarla inmediatamente. Si tienes la suerte de contar con un balcón, cuídalo y ocúpate del él, pues son pocos los departamentos que tienen el privilegio de tenerlo.

TERRAZAS Y PATIOS

Para decorar y estimular el CHI en estas áreas de la casa, utiliza la teoría de los cinco elementos y sigue los mismos pasos para las plantas descrito en el párrafo anterior. Es importante que el patio de la casa no se convierta en "almacén" de cosas que ya no se usan; una cosa es el amontonamiento y otra guardar en orden las cosas que se usan ocasionalmente. Es común que en los patios o terrazas haya hormigas, y si existe un hormiguero seguramente hay una intersección de la red de Hartmann o una falla telúrica.

ALBERCAS

La orientación más adecuada para la alberca es el este o sureste de la casa, correspondiente al elemento Madera, que es nutrido por el Agua. Una piscina en el sur de la casa afecta el prestigio social y profesional, no serán reconocidos los méritos; una solución es que pintes el fondo de la alberca con un tono verde y coloques plantas en macetas rojas alrededor. Una alberca que se sitúa en el norte, genera gran cantidad de agua que puede "ahogar" a los habitantes de la casa, además es el lugar más frío; coloca objetos o esculturas de cerámica, barro, piedra o cantera alrededor para controlar el agua. La forma de la alberca debe ser redondeada, no cuadrada ni rectangular porque las "flechas secretas" apuntarán hacia alguna parte de la casa. Si este fuera el caso, coloca plantas en las esquinas salientes o redondea los ángulos. Dado que las albercas almacenan una gran cantidad de energía CHI, es conveniente que el color sea el adecuado para cada orientación. Consulta el Pa-kua del Color (pág. 159) para saber cuál es el elemento y el color de cada punto cardinal, y revisa el ciclo creativo y destructivo de los elementos para obtener un equilibrio.

La alberca debe ser acorde al tamaño de la casa para mantener un equilibrio, y el agua debe conservarse siempre limpia. Las albercas que están en el interior de la casa generan mucha energía Yin y deben separarse del resto de la casa con una puerta.

SALAS

SALA DE ESTAR

Es la habitación que da la bienvenida a las personas que llegan, y nos conduce al resto de la casa, además define la atmósfera de la casa; en este lugar se desarrollan diversas actividades: se reciben visitas, se organizan reuniones, acontecimientos familiares, se escucha música, y en muchas casas, se ve televisión, además está el sillón favorito para relajarse después de un día de mucho trabajo. La sala debe ser un lugar espacioso, confortable, con buena iluminación, de modo que cuando lleguemos nos reciba un entorno agradable que estimule nuestra energía. Una sala desordenada, llena de cosas fuera de lugar y poco iluminada, altera nuestro estado de ánimo al llegar a casa.

En salas pequeñas es mejor que los muebles sean bajos, y en tamaños proporcionales, para que no den la sensación de encerramiento. También se puede ampliar el lugar colocando un espejo en la pared, esto dará la impresión de un espacio mayor; los colores claros son muy efectivos si se cuenta con poca luz natural. Si predomina un solo color, hay que crear otros estímulos visuales para mantener la energía en movimiento; no te olvides de integrar los cinco elementos.

Una sala muy recargada no favorece el descanso, y además de que acumula polvo, hará que la gente salga pronto de este lugar, es mejor tener lo imprescindible y dejar espacio entre las cosas para que la energía fluya.

Los cuadros y adornos deben reflejar vida, armonía y belleza, las pinturas de la naturaleza y los amaneceres ejercen un efecto psicológico positivo; es increíble, pero hay obras de arte, como cuadros y esculturas, que desde el punto de vista vibratorio son malos y crean perturbaciones que pueden ser muy perjudiciales, como las máscaras africanas y esculturas de culto; los cuadros de personas tristes o paisajes desolados emiten una energía negativa, las esculturas mutiladas no son aceptadas en el Feng Shui, porque tienen un impacto de mutilación y separación; no olvides que todo refleja y atrae lo que representa, por tanto hay que elegir muy bien el tipo de pinturas y adornos que van a embellecer la sala. Todos deben emitir mensajes y sentimientos que tú quieres tener en tu vida. Las personas que viven solas deben evitar las imágenes solitarias, y en su lugar colocar adornos en pares y rodearse de imágenes positivas.

Las esquinas de los muebles o de la propia construcción de la casa se convierten en "flechas envenenadas", sobre todo si apuntan a la puerta principal, eliminando toda influencia positiva; de ser posible gira el mueble, de modo que la parte plana vea hacia la puerta, las esquinas en las paredes se pueden cubrir con una planta o un pequeño cristal colgado del techo.

Ubica los sillones de manera que faciliten la comunicación y la armonía familiar, son más confortables los sillones yin: redondeados, de colores oscuros (véase la lista de colores yin en la pág. 32) y con estampados florales. Los respaldos altos y brazos anchos de los sillones dan la sensación de seguridad.

El dueño de la casa o cabeza de familia debe sentarse en una posición donde tenga dominio de la puerta, nunca sentarse de espaldas a ella; de ser posible debe sentarse de cara a una de sus orientaciones favorables, siempre y cuando no dé la espalda a la puerta; si no tiene un asiento de poder, se pierde el control en situaciones inesperadas. La posición de los sillones puede obstruir o mejorar el CHI de la casa, lo más recomendable es colocar los asientos de modo que formen un círculo, un cuadrado o un octágono; se pueden rellenar los espacios faltantes con mesas laterales, plantas o cojines. Las siguientes posiciones también son favorables para favorecer la armonía en la casa.

La posición de los sillones en círculo es muy dinámica y favorece las reuniones sociales.

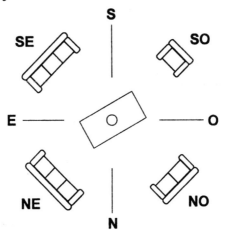

Los sillones formando un cuadrado dan seguridad y estabilidad.

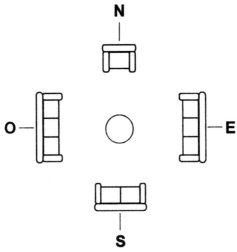

A continuación veremos cuál es el mejor lugar para sentarse en relación a la puerta. Los lugares están marcados con letras, de la siguiente manera:

A.- Es el mejor punto para sentarse, pues se tiene control visual de todo. Es una posición de poder.

B.- Es el lugar de los invitados queridos.

C.- Los invitados menos queridos en este lugar.

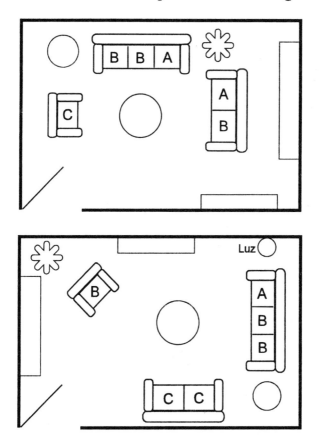

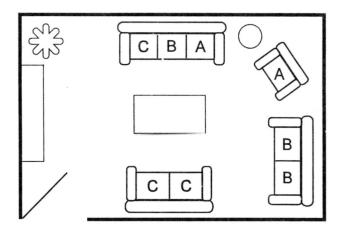

CHIMENEAS

Es importante integrar la energía del Fuego en una sala, aporta calidez y bienestar, estimula el optimismo, el entusiasmo, la espontaneidad, la pasión; además es un elemento purificador. Si no se cuenta con una chimenea, esta energía también está simbolizada por las velas encendidas, lámparas y luces brillantes.

La chimenea no debe colocarse al Sur, porque estimula demasiado la energía de Fuego, provocando mucha energía Yang. Si este es el caso, se recomienda colocar sobre la chimenea un adorno de color azul para contrarrestar la energía Fuego y Yang. La mejor ubicación para colocar la chimenea es el noreste; el este, el sureste y el suroeste también resultan favorables.

Para evitar que el CHI se escape por la apertura de la chimenea, es conveniente colocar un espejo, para que la energía regrese; unas esferas de cristal en lugar de leños, también evitarán que la energía se escape. Como la madera nutre el fuego, las plantas son muy favorables.

SALA DE MEDITACIÓN

Este lugar debe reflejar paz y tranquilidad, aquí es válido que predomine la energía Yin, para entrar en un estado de relajación profundo. La mejor ubicación para esta sala es el noreste, pues estimula el autoconocimiento y prevalece la energía de la montaña que favorece un estado de contemplación; el norte también resulta benéfico. El color azul es el más favorable, desde los tonos sutiles, hasta los tonos intensos; el verde, el negro, el violeta y el amarillo estimulan la concentración. Si quieres introducir una energía etérea y sutil, coloca una espiral de cobre en cada esquina de la habitación.

Si no tienes un habitación dedicada a esta sala, adapta un espacio dentro de tu dormitorio o estudio, que son los lugares más yin de la casa. Puedes meditar en la parte noroeste de la habitación para una introspección profunda.

ESTUDIO O BIBLIOTECA

Al igual que la sala de meditación, este espacio debe tener un clima tranquilo, el escritorio debe situarse en una orientación personal favorable. Si no es posible, entonces debe estar de frente a la puerta, nunca con la espalda hacia la puerta o a una ventana. El color adecuado es según el elemento que corresponde en la orientación de la casa; los muebles deben ser cómodos y con una buena iluminación; las pinturas de montañas, ríos y delfines, estimulan la creatividad. Al igual que en el resto de la casa, debe haber orden y limpieza para favorecer el flujo del CHI.

EL COMEDOR

Es otro lugar, al igual que la sala, donde se reúne la familia y se comparte con invitados, y en todas las casas existe un lugar destinado a ingerir los alimentos. El comedor debe situarse cerca de la cocina y lejos de la puerta principal. Las mejores ubicaciones son el sureste, oeste y noroeste respecto al centro de la casa. El lugar debe ser ventilado y con una buena iluminación; elige cuadros de imágenes con alimentos y frutas; los paisajes apacibles también son muy favorables; un espejo fortalece el CHI que produce la comida; agrega adornos acordes a la energía que desees crear.

Los muebles deben ser cómodos y fáciles de limpiar; son mejor los de madera que los metálicos u otros materiales; cualquier mesa debe tener una base firme para soportar el peso, pues una mesa que se mueve fomenta la inseguridad y no facilita la digestión, además resulta un peligro. Las condiciones en que ingerimos los alimentos son vitales para una vida saludable y debemos dar mucha importancia al lugar donde comemos.

La forma de la mesa influye en el movimiento del CHI, la mesa redonda y la cuadrada son mesas yang; la rectangular y la ovalada generan una energía yin. Las mesas rectangulares son más adecuadas para comidas formales. Una buena cena familiar se disfruta mejor en una mesa ovalada, y si es una comida de trabajo o de negocios, lo mejor es una mesa cuadrada; para los enamorados las mesas redondas son las más recomendables.

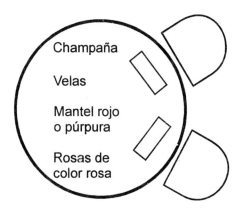

Mesa para enamorados

Las sillas de respaldo alto dan una sensación de seguridad; las sillas con brazos eliminan la presión de los hombros y psicológicamente nos sentimos con más apoyo; si una silla nos resulta incómoda, aunque estemos poco tiempo sentados, ejercerá una mala influencia, no estaremos ni cómodos ni seguros.

Para lograr un equilibrio de la energía CHI, deben estar presentes los cinco elementos en el comedor, sobre todo en la mesa, esto nos permitirá tener una atmósfera de relajación y disfrutar de un ambiente armonioso que nos facilite una buena digestión. Los elementos siempre están presentes sabiamente: la mesa representa la energía de la Madera, el Fuego está simbolizado por la luz o un candelabro, en la vajilla y en una jarra con la bebida se encuentran la Tierra y el Agua, y en los cubiertos el Metal. Una mesa bien decorada, atractiva y en equilibrio, estimula el CHI y el apetito de los comensales.

El color juega un papel importante en el comedor, de acuerdo a la energía que deseamos crear, la mantelería marcará la diferencia:

Azul

Es un tono frío que disminuye el apetito, si pretendes comer muy ligero o estás a dieta, este color es el indicado. Para los niños que no comen bien nunca hay que ponerles un mantel o plato azul, porque comerán menos.

Negro y blanco

Generalmente estos colores no invitan a disfrutar de una comida, pero si se requiere de un ambiente muy elegante son favorables; el negro nos puede hacer sentir deprimidos, pero es recomendable si queremos bajar de peso.

Rosa

Este color crea una convivencia feliz, es ideal para una comida muy ligera o para tomar el té y charlar.

Rojos y amarillos

Estimulan el apetito y el proceso digestivo, el rojo en especial estimula el romance y el amarillo el entusiasmo; son colores muy adecuados para disfrutar de una comida.

Naranja

Es la mezcla del rojo con el amarillo y tiene las características de estos colores, es cálido y estimula el paladar.

Verde

Ejerce una sensación de frescura, es el color de la naturaleza, la gente disfrutará de los alimentos y se sentirá contenta.

Cafés y tostados

Son los colores de la Tierra, estimulan el apetito, aunque en un ambiente muy sobrio, pero pueden crear una sensación de pesadez.

TOMANDO ASIENTO

El lugar que ocupa una persona en la mesa crea una atmósfera y un tipo de energía; así cada ubicación está relacionada con un miembro de la familia. Los siguientes dibujos muestran ubicaciones ideales en una mesa familiar. Si el asiento del jefe de familia estuviera de espalda a la puerta, es mejor cambiarse de lugar y tener dominio visual de la puerta.

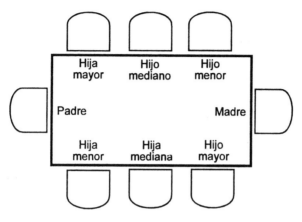

Mesa rectangular

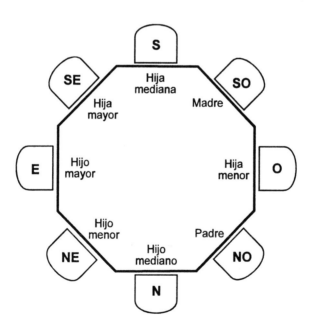

Mesa octagonal

Para recibir los beneficios del CHI, en una comida de negocios, es importante sentarse de cara a una dirección favorable, además nunca debes sentarte de espaldas a la puerta ni a una ventana, es mejor sentarse de espaldas a una pared, así te sentirás más seguro.

LA COCINA

Sin duda alguna la cocina es uno de los lugares más importantes de la casa, es aquí donde se preparan los alimentos que nos nutren y es un centro de convivencia con la familia. En el Feng Shui la cocina simboliza la riqueza y la salud de la familia. Una buena salud, proviene de una buena cocina, y el CHI o el SHA que se origine aquí, determina en gran medida el bienestar de la familia.

Para fomentar el CHI, la cocina debe estar limpia, brillante y sin humedad, sobre todo en los rincones para evitar estancamiento. Se deben lavar periódicamente alacenas, hornos, paredes y ventilar todos los días la cocina y no dejar que la basura se acumule, hay que sacarla todos los días. La estufa debe estar impecable, y se deben usar todas las hornillas para que el dinero circule. Revisa las alacenas y saca todos aquellos utensilios que no uses o que estén rotos, pues sólo crean estancamiento. Los aparatos electrodomésticos que no funcionan generan energía SHA, arréglalos o deséchalos; en cambio un frutero artesanal con frutas de la estación situado al sureste de la cocina, simbolizará la fuente de la abundancia; una pecera o una pequeña fuente de agua, fortalecerá la prosperidad de la familia. Incrementa la energía de tu cocina de acuerdo al elemento y orientación donde se ubique, y trata en lo posible de que tu despensa esté bien surtida; coloca un espejo octagonal en la alacena, para "duplicar" los víveres.

La orientación de la cocina causa una gran influencia, los chinos dicen que el Sureste de la casa es la mejor posición para ubicar la cocina; la ventana o la puerta orientada a esta dirección da los mismos resultados positivos; otra posición es el Este, ambos puntos pertenecen al elemento Madera que es compatible con el Fuego y el Agua predominantes en la cocina. El Noreste y el Norte no son el mejor lugar para hacer comidas saludables.

El CHI personal de quien cocina influye en los alimentos, si cocinas en un estado de preocupación o enojo, ten por seguro que esto trasmites a lo que estás preparando, y la comida no quedará con el sazón deseado. Hay que cocinar con alegría, y agradecer al Universo porque podemos preparar alimentos que nutren a la familia.

POSICIÓN DE LA ESTUFA

En el Feng Shui se le da mucha importancia a la posición de la estufa y de la cama, porque en la estufa se cocinan los alimentos que preservan nuestra salud, y en la cama se pasa casi la tercera parte de la vida. La mejor ubicación de la estufa es en tipo isla, así tendrás una visión de toda la cocina, pero debes cuidar que la estufa esté orientada hacia un punto favorable según tu número Kua. Para la señora de la casa o el jefe de familia, el Este y el Sureste siempre resultan muy positivos porque pertenecen al elemento Madera que alimenta el Fuego de la cocina.

Una cocina que esté adyacente a un baño, es símbolo de mala suerte y enfermedades, peor aún si la estufa esta ubicada detrás de la pared del inodoro. **Solución:** Colocar un espejo en el muro de la cocina, reflejando las hornillas; también en el baño hay que colocar un espejo en una planta.

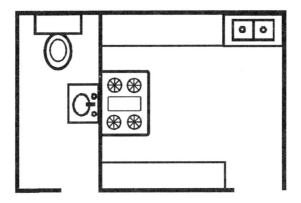

Si existe un inodoro arriba de la cocina también genera mala suerte. **Solución:** Colocar un espejo sobre la estufa o alacena con la cara brillante hacia arriba.

La estufa debe estar ubicada de manera que la persona que cocina no dé la espalda a la puerta, si esto no es posible, coloca un espejo o un objeto brillante sobre la estufa; esta misma cura funciona si la estufa está frente a la puerta de la cocina.

Si la estufa está colocada bajo una ventana, las personas se sentirán desprotegidas y el dinero no rendirá. **Solución:** Si no puedes cambiar de lugar la estufa, coloca una esfera de cristal en la ventana.

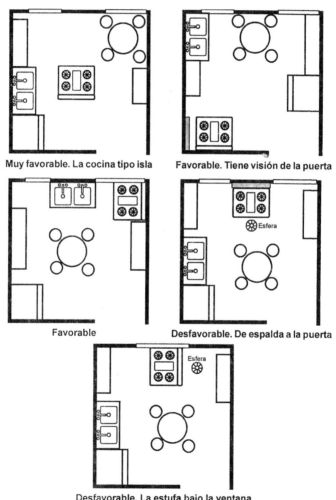

Muy favorable. La cocina tipo isla

Favorable. Tiene visión de la puerta

Favorable

Desfavorable. De espalda a la puerta

Desfavorable. La estufa bajo la ventana

Si hay varias puertas en la cocina, y la estufa está en medio de ellas, coloca un móvil en el centro, así evitarás pleitos y problemas económicos.

La estufa no debe estar colocada al lado del fregadero o de la lavavajillas, pues son dos elementos incompatibles, Fuego y Agua; si este fuera el caso, aislarla con un trozo de madera o colocar una pequeña planta para dividir.

Muchos maestros de Feng Shui opinan que la estufa o la cocina no debe estar en el centro de la casa, sin embargo, otros son de la opinión que una cocina en el centro nutre la casa, el Fuego aporta calidez y genera bienestar. Si una estufa está frente a la puerta principal de la casa, ocasiona problemas financieros y enfermedades. Utiliza la secuencia de los elementos para fortalecer el CHI.

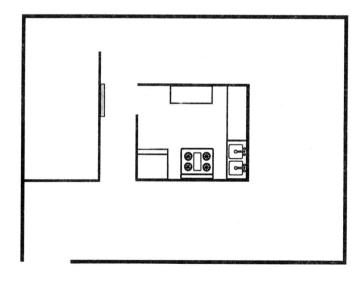

Si tienes cubiertos, cuchillos, cacerolas de acero inoxidable o aluminio, o cualquier artefacto de metal en el área de la prosperidad, o sea en el Sureste de la cocina, es una amenaza para las finanzas de la familia. **Solución:** Forra los estantes con papel rojo y estimula la energía Madera con una maceta de color verde y plantas de hojas redondeadas.

BAÑOS

Los baños son una fuente de preocupación para el Feng Shui, dado que el Agua es el elemento principal de todo baño, y el Agua es símbolo de vida y prosperidad en el Feng Shui. Debemos seguir algunas indicaciones para que el CHI no se vaya por el desagüe del baño.

☯ Los cuartos de baño se deben mantener bien ventilados, sin humedad y sin pérdidas de agua, pues las goteras simbolizan la riqueza que se escurre, y las cañerías tapadas indican que sus emociones están bloqueadas.

☯ El Agua, al ser símbolo de la abundancia, debe estar al alcance para tener un baño limpio, alegre, que refleje armonía, prosperidad, etc. Lo que se invierta en arreglar un baño, se invierte en bienestar de la familia, así que no hay que limitarse en comprar un adorno, un cuadro o unas toallas finas, simplemente porque son para el baño, recuerda que tu familia saldrá ganando con ello.

☯ Para bien de la economía familiar, es mejor tener la puerta cerrada y la tapa del W.C. hacia abajo.

☯ Desecha todo aquello que no necesites, como son cosméticos que ya no usas, botellas semivacías, burbujas de baño que nunca se usan, perfumes viejos, secadoras descompuestas, medicinas vencidas, cepillos, peines, etc.; al eliminar la basura, simbólicamente eliminas la "basura" que bloquea económicamente a la familia.

☯ Las coladeras son un amenaza, deben mantenerse tapadas o selladas con sinabrio; las cañerías tapadas son indicio de que las emociones están bloqueadas.

☯ El W.C. no debe reflejarse en ningún espejo, esto duplicaría la energía negativa que emana.

☯ Lo ideal es que al entrar al cuarto de baño no se vea el W.C., si el cuarto es grande puedes colocar un biombo para ocultarlo, si esto no es posible, coloca una pantalla por medio de un cristal colgado, una planta o una cortina.

☯ Cuando el baño está integrado al dormitorio, es importante que la puerta no apunte hacia la cama, esto se puede evitar colocando una baulera o cualquier pequeño mueble a los pies de la cama, para formar una división.

☯ Es importante que el baño no esté adyacente a la cocina, y sobre todo, que no esté en el centro de la casa, porque genera un SHA muy turbulento que se irradia al resto de la casa; esta turbulencia oprime el flujo de la energía CHI ocasionando muchos trastornos en la familia que pueden manifestarse en enfermedades y hasta la banca rota en las finanzas. La solución para un baño que se encuentra en el centro de la casa es forrarlo de espejos; otra solución consiste en integrar los cinco elementos. Usa tu imaginación y creatividad para dejar un baño hermoso que irradie energía positiva a toda la casa.

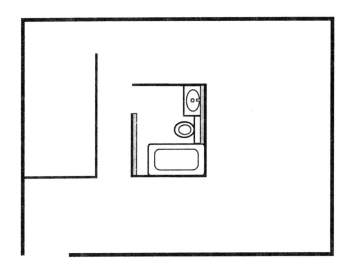

☯ La siguiente cura se aplica para baños que están adyacentes a la cocina, junto a la entrada principal o en un área conflictiva de la casa; también se utiliza si el baño está en el centro de la casa: Colocar un pequeño espejo octagonal en la base del W.C. con la parte brillante hacia arriba; sobre la pared del tanque de agua colocar unas flautas de bambú o un abanico para "elevar" la energía fuera de casa, se complementa con una planta sobre el tanque del agua.

☯ Haz esta prueba: Si sientes que estás estancado en determinada área de la vida, limpia a fondo el cuarto de baño y verás resultados sorprendentes.

☯ Generalmente en los baños predomina la energía Yin debido al exceso de Agua, es conveniente integrar energía Yang, sobre todo si el baño es muy chico y con poca luz.

☯ Si no has sido muy afortunado en el amor, es posible que exista un baño en el suroeste de tu casa, donde la energía es muy cambiante e inestable; trata de modificarlo y transfórmalo en un "nido de amor"; los muebles de color amarillo serán muy favorables; integra un toque de color rojo, pueden ser unas toallas afelpadas o unas velas rojas; coloca un poster romántico y un par de esferas o corazones de cristal; un cuarzo grande de color rosa dará estabilidad a las relaciones. El baño debe tener un clima acogedor y confortable, todo esto realzará el CHI y te recordará que el amor está rondando. Revisa tu CHI personal.

☯ El baño ubicado en el sureste de la casa está en armonía con el elemento Madera de esta orientación, pero el dinero tiende a irse por el desagüe del W.C. Para transformarlo en un baño de riqueza, coloca plantas o flores en una maceta o florero elegante y de buen gusto, recuerda que está simbolizando tu riqueza; sustituye las llaves del lavabo por unas doradas que simbolizan el oro; el piso y los accesorios de madera ayudan mucho; utiliza lujosas toallas verdes o azules, haciendo juego con el tapete y el cubre baño; coloca objetos que expresen la idea de abundancia y riqueza, por ejemplo un Buda o un cuerno de la abundancia o cualquier objeto que signifique prosperidad para ti; obviamente no debe haber fugas de agua ni humedad. No olvides mantener la puerta cerrada y las coladeras tapadas o selladas con sinabrio. Con estas sencillas curas estimularás el CHI del lugar y sucederán cosas económicamente agradables. Revisa cómo está tu CHI personal y tu capacidad de merecer.

☯ La reputación y el prestigio no pueden ser muy satisfactorios si el baño se encuentra en el Sur de la casa; si no eres reconocido por lo que haces o todavía no tienes ese ascenso que estás esperando o quizá tienes problemas con algún juicio, seguramente en gran parte es porque el baño está ubicado en este punto de tu casa; la energía del Agua destruye al Fuego, provocando problemas y falta de reconocimiento público. Primero revisa en qué condiciones está tu baño, recuerda que todo debe estar perfecto. El siguiente paso es integrar el elemento controlador, en este caso es la Madera. Coloca plantas ascendentes; las toallas y tapete en color verde favorecen mucho para activar la energía del Fuego; puedes colocar una pirámide o un estatuilla de algún animal, como un delfín que va más apropiado con el baño; unas velas verdes o rojas también influirán en el buen CHI. Con estos sencillos pasos, corregirás en gran medida el flujo energético desequilibrado y los aplausos no se harán esperar. Revisa tu CHI personal y ¿cómo anda tu autoestima?

Estos últimos tres puntos son las posiciones más críticas de los baños. También puedes utilizar la cura para baños adyacentes a la cocina descrita en párrafos anteriores, y no olvides que al modificar la energía de tu baño, verás cambios sustanciales en tu vida.

Un baño ordenado, limpio y en excelentes condiciones, garantiza salud y bienestar para los habitantes de la casa. Para muchas personas es el único lugar donde pueden estar a solas y en paz. Un baño de tina con aceites y sales marinas es un magnífico relajante, por eso es importante tener una decoración agradable en el cuarto de baño.

RECÁMARAS

Otro de los lugares importantes de la casa es la recámara, es el lugar donde permanecemos más tiempo, dado que pasamos entre veinte y veinticinco años durmiendo durante la vida. Un buen dormir es esencial para la salud, por eso debemos dar una especial atención al dormitorio porque es el lugar donde nos relajamos, recuperamos energías y se tiene intimidad con la pareja, es un lugar mágico donde se gestan muchas cosas y soñamos con lo que anhelamos tener y ser; entonces debe ser un lugar confortable, cálido, acogedor y que cumpla con las normas del Feng Shui. El dormitorio no debe usarse como oficina, gimnasio, ni almacén de cosas que no se usan, el dormitorio no debe cumplir otra función que la del amor y el dormir.

En las recámaras debe prevalecer la energía Yin, lo cual nos permitirá tener un descanso pleno y despertarnos renovados. El dormir es una acción Yin y debe estar a tono con el dormitorio, sin embargo también hay que integrar elementos divertidos, alegres y cierta energía Yang para despertarnos contentos y comenzar el día con optimismo; un buen sueño y una recámara en armonía, le permitirán sonreír todos los días a esa cara que se refleja en el espejo; pero si te levantas y lo primero que ves es el amontonamiento y el desorden, esa cara en el espejo sólo dirá con desaliento ¡otro día más!

Lo ideal es que las recámaras estén situadas al fondo de la casa, para sentirse más seguros y protegidos, las recámaras cerca de la entrada crean inquietud, incluso inseguridad.

La distribución de los muebles y la decoración van a ejercer una gran influencia en el CHI que reina en la recámara. La iluminación de la noche debe ser suave, en cambio, durante el día, hay que correr las cortinas para que entre una luz más Yang; las esquinas de los muebles que sean redondeadas para evitar "flechas secretas", si hay algún ángulo de un mueble que apunte hacia la cama hay que cubrirlo con un paño durante la noche, el SHA que envía un ángulo mientras duermes no te permitirá tener un sueño reparador. Los roperos, cajoneras y armarios, tienen que estar ordenados y libres de cosas, ropa o zapatos que no uses, esto genera un buen CHI; recuerda que el amontonamiento crea estancamiento; la ropa que se deja durante días sobre una silla o mueble de la recamara paraliza la energía, y psicológicamente tiene que ver con cosas que no deseas enfrentar, pero que finalmente lo tienes que hacer, haz un examen de conciencia si es el caso, y revisa qué es lo que estás evadiendo.

Los vestidores son muy funcionales porque permiten sacar ropa, zapatos y accesorios fuera de la habitación de dormir, dejando el lugar más "despejado". Al igual que el resto de las habitaciones de la casa debe estar ordenado; desecha lo que no uses, así darás paso a cosas nuevas en tu vida.

Desde el punto de vista del Feng Shui, se deben eliminar todos los aparatos eléctricos y electrónicos de la recámara, como son computadoras, televisores, minicomponentes y teléfonos, pues generan ondas electromagnéticas nocivas, y más aún si están en la cabecera de la cama; si el televisor está en la recámara, hay que mantenerse lo más alejado posible y es mejor desconectarlo mientras duermes; el teléfono celular emite frecuencias de microondas, no lo dejes cerca de la cama.

Evita cualquier instalación eléctrica que pase debajo o atrás de la cama, generan una radiación malsana, y al día siguiente te levantarás cansado y con pesadez de cabeza, la solución para una recámara con demasiados campos eléctricos es colocar un metatrón (explicación en la página 180) o poner un talismán "disipador de energía electromagnética" al lado de los enchufes.

Los espejos en la recámara no son recomendables, ni los objetos o muebles brillantes o pulidos. La tradición china dice que al dormir el alma se desprende del cuerpo para dejarlo descansar, y si se ve reflejada en el espejo se asusta y se queda en el cuerpo, ocasionando mal sueño y pesadillas. Sin embargo, los fisiólogos comentan que tienen una influencia nociva para el sistema nervioso, debido a la reflexión de los fotones de luz. Si el espejo del tocador está orientado hacia la cama también ocasiona pesadillas y no se puede conciliar el sueño. **Solución:** Cubre el espejo con una manta por la noche. Si tienes que colocar un espejo para mejorar la posición de la cama, hazlo de manera que no refleje al que está durmiendo.

LA POSICIÓN DE LA CAMA

Definir la posición de la cama es una oportunidad para buscar el mejor flujo de la energía que nos ayude a estar en óptimas condiciones. La cama tiene una gran influencia en lo que hagamos al día siguiente, nuestras acciones y nuestra cara reflejan si dormimos bien o no, por lo tanto debemos ocuparnos de tener una buena cama, un buen colchón y una buena orientación para tener un sueño y un descanso placentero, que repercutirán en buena salud.

Si al despertarte tienes pesadez, te sientes cansado y soñoliento, y durante el día tienes dolor de cabeza, trastornos digestivos o estás deprimido, tenso e irritable ¡cuidado!, una de las causas es que debajo de tu cama pueden pasar instalaciones eléctricas, o estés sobre una radiación telúrica de un cruce de líneas Hartmann (más adelante sabrás cómo detectarlo). **Solución:** Coloca un solenoide (hilo de cobre enrollado a un objeto cilíndrico) sobre los cruces geopatógenos, esto absorberá los rayos nocivos y los trasmutará en vibraciones benéficas; el cobre es un conductor excelente de energías nuevas; lo ideal es consultar un especialista para determinar el tamaño, disposición y orientación dentro de la habitación. Otra solución es colocar un anulador de energía nociva. Más adelante encontrarás la información al respecto.

Además de esta influencia nociva proveniente del suelo, hay otros factores que son perjudiciales y no favorecen la abundancia del CHI, generando un mal dormir que a largo plazo altera nuestro estado de ánimo y salud:

❂ Camas sin cabecera: a largo plazo las personas experimentan sensación de falta de apoyo y apatía. **Solución:** Colocar cabeceras recargadas sobre una pared.

❂ La cabecera no debe estar colocada bajo una ventana, produce inquietud e incertidumbre. **Solución:** Colocar un cristal colgando de la ventana.

❂ Los pies no deben apuntar directamente a la puerta, los chinos le llaman posición de muerte. **Solución:** Colocar una piecera, un baúl, un tapete o un cristal entre los pies y la puerta.

❂ Si la base del colchón tiene cajones, no se deben guardar zapatos, libros o juguetes, la vibración que emiten dificulta el buen dormir; se pueden guardar cosas que propicien descanso, como la ropa de cama, pijamas, etc.

❂ La puerta no debe "atravesar" la cama, es como dormir en la calle. **Solución:** Cambiar la posición de la cama.

❂ No se deben comprar colchones o camas usadas, pues está impregnada la energía de los dueños anteriores.

꩜ No es conveniente un colchón sobre el piso, da la impresión de pequeñez y debilidad, debe tener cierta altura para que fluya la energía mientras duermes.

꩜ La cama no debe situarse bajo unas vigas, crean un ambiente de agobio y pueden causar enfermedad (ver VIGAS O TRABES, pag. 91).

꩜ La cama ubicada bajo un techo inclinado impide que el CHI circule con facilidad. **Solución:** Colocar una línea de cenefas para emparejar el techo y crear un equilibrio visual.

꩜ Las camas con dosel no son favorables, pues además de acumular polvo, restringen el flujo del CHI y pueden generar divorcio. **Solución:** Eliminar el dosel o colocar una esfera de cristal al centro del "techo" de la cama.

꩜ Si hay divorcio o viudez, se deben cambiar los colchones y sábanas.

HACIA DÓNDE UBICAR LA CAMA

La orientación de la cama juega un papel importante para el bienestar de las personas, afectando la vida para bien o para mal; hay varias opciones para orientar la posición de la cama. En caso de que tu cama no quede en una posición favorable, recurre a las curas de espejos que se dan más adelante.

1.- Lo más importante es tener el control visual de la puerta y de toda la habitación, es la posición de poder, no importa la orientación que tenga; si esta posición es un punto desfavorable según tu número Kua, la solución es pegar un espejo en la parte de atrás de la cabecera, con el lado brillante reflejando la pared, para "regresar" la mala influencia a través del espejo.

2.- Elige la orientación de la cama de acuerdo a tu número Kua; si tu número es el 9, las orientaciones favorables son el Este, el Sureste, el Norte y el Sur, entonces orienta tu cama de modo que la coronilla de tu cabeza apunte hacia alguno de estos puntos; pero recuerda que debes tener el control visual de la puerta.

3.- El Sur no es una orientación conveniente para colocar la cama, excepto que sea una orientación favorable, como en el punto 2.

4.- Si la orientación de la casa favorece al jefe de familia, entonces la cama debe estar orientada hacia una posición favorable para la señora.

5.- Tradicionalmente se considera que el Norte es una buena posición, el sueño es más profundo y favorece el reposo; pero si es una orientación desfavorable para ti, debes evitarla o colocar un espejo detrás de la cabecera.

6.- En la antigüedad los egipcios, los aztecas y todas las civilizaciones que han adorado al Sol, preferían la orientación solar: Este-Oeste, para recibir los beneficios de los rayos solares.

7.- Para los jóvenes la orientación al Este es favorable, en cambio el Oeste es ideal para las personas mayores.

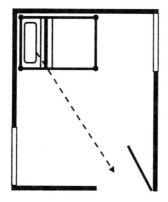

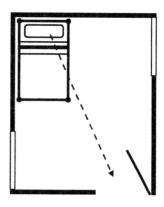

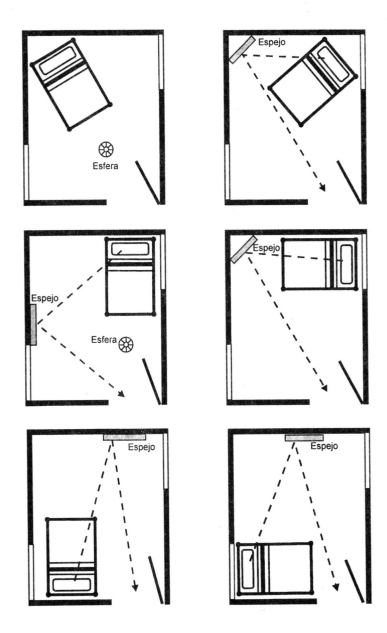

De acuerdo a la filosofía del Feng Shui, cada orientación tiene un tipo de energía, independientemente de sus orientaciones favorables. Esta es otra opción para elegir la energía que desees; orienta tu cabeza hacia ese punto.

Cama orientada al Norte

Es la orientación más tranquila y te permitirá tener un sueño profundo porque tiende a bajar la presión arterial; si sufres de insomnio apunta tu cabeza hacia esta dirección. Esta posición favorece el crecimiento interior y espiritual, ayuda a las personas que están viviendo sus últimos días.

Cama orientada al Noreste

Es una orientación de transición y puede resultar intranquila para dormir bien, sin embargo mejora la motivación, pero si tienes que tomar decisiones no duermas en esta dirección durante algunos días.

Orientación al Este

Es una energía de crecimiento y de expansión, te hará sentir más vital y activo, con autoconfianza y mucho optimismo. Si tienes en mente realizar un anhelo, duerme en esta dirección, provocará que las cosas sucedan. Si estás deprimido y sin motivación, duerme con tu cabeza hacia este punto.

Orientación Sureste

Se pueden obtener muchos beneficios, genera un CHI vital y activo, pero con más madurez, es ideal para personas maduras que quieran sentirse jóvenes. Fomenta la creatividad; no es aconsejable para las personas mayores que requieren descanso.

Orientación Sur

Una cama orientada al Sur recibe una energía vigorosa, enérgica, rápida y fuerte, en consecuencia no produce un sueño relajante y reparador, no duermas por mucho tiempo hacia esta orientación, pero si quieres mejorar tu vida sexual prueba colocando tu cama hacia el Sur.

Orientación Suroeste

Es una orientación con una energía semilenta, pero se activa por la tarde, invita a la armonía familiar; con la cabeza apuntando al Suroeste sentirás una energía que nutre y sustenta; si tienes necesidad de seguridad y refugio, duerme en esta dirección.

Orientación Oeste

Es una orientación muy favorable, los cálidos rayos del sol al atardecer crean una atmósfera placentera para dormir, favorece los negocios y estimula la creatividad, pero también invita a la pereza y pérdida de motivación; tú eliges. Ideal para personas o niños hiperactivos.

Orientación Noroeste

Una cama en esta posición, invita a tener un descanso digno después de una jornada de trabajo, el sueño será profundo y por muchas horas. Esta orientación inspira respeto, confianza y sabiduría. Es una buena ubicación para el padre, o la persona que gana más dinero en la familia.

RECÁMARA DEL BEBÉ

Debes seguir los mismos lineamientos descritos anteriormente. En la recámara del bebé los muebles de madera son los más indicados, los muebles de latón y metálicos generan energía electromagnética que no permiten un buen dormir, la iluminación debe ser suave y por la noche debe dejarse una luz tenue; elige tonos suaves en las paredes para introducir una energía más tranquila, pero da pequeños toques de verde para estimular un buen crecimiento. Para una mayor tranquilidad, compra todo el mobiliario de la habitación con anticipación, ya con el bebé en casa parecerá una tarea pesada.

Para el bienestar y seguridad del bebé compra una cuna con barrotes, sin ningún borde filoso que amenace ser una "flecha envenenada", ni pintura de plomo; las sábanas y ropa del bebé deben ser de algodón, las fibras naturales son mejores que las sintéticas; es conveniente tener una mesa para vestirlo y cambiarlo. Los corrales son discutidos, y desde el punto de vista Feng Shui, limitan el deseo de explorar y la vivacidad. Un móvil de colores brillantes a los pies de la cuna introducirá la energía Yang necesaria y hará circular el CHI por toda la habitación, además estimulará sus sentidos. Cuando el bebé duerma saca los juguetes y sonajeros para que no perturben el sueño; una música suave y relajante transmitirán tranquilidad al bebé.

Para que un bebé tenga un sueño placentero y profundo la mejor orientación es que su cabeza esté hacia el Norte o el Oeste; el Este resulta muy dinámico para los niños que se les dificulta dormir. Mientras se alimenta al bebé, ya sea con biberón o el pecho, la madre debe mirar hacia el Suroeste, así el bebé se sentirá protegido y bien nutrido.

RECÁMARAS DE NIÑOS

Además de ser el lugar para dormir, también es el cuarto de juegos, por lo que se convierte en una habitación de mucha actividad. Los padres deben enseñar a los niños el sentido del orden y limpieza, porque un cuarto desordenado y sucio genera una energía SHA. Para los niños muy activos e inquietos su cama debe estar orientada al Norte o al Oeste, esto les permitirá dormirse con más facilidad; si la cama apunta al Este, Sureste o el Sur, tendrán dificultad para conciliar el sueño y pueden tener pesadillas. Si el pequeño es pasivo y demasiado tranquilo, la cama orientada al Este será muy favorable para él.

Generalmente un cuarto se comparte con uno o más hermanos, en este caso coloca las camas en una sola dirección, esto genera armonía. Las literas no son recomendables ni para el que duerme arriba, ni para el que duerme abajo, por una cuestión energética; una solución es colocar un cristal en la base de la cama de arriba, de modo que cuelgue a la cama de abajo, y en la cama de abajo colocar unos listones rojos de modo que cuelguen hasta tocar el piso. Es conveniente también que cada niño cuente con un espacio personal, como un escritorio, un cajón o un estante.

Los muebles de madera natural como el pino, favorecen el crecimiento y evitan el estancamiento. Utiliza los colores favorables de acuerdo al número Kua, o deja que los niños elijan el color que les guste. Generalmente, la habitación de los niños es más Yang, integra el Yin por medio de cojines en estampados florales o a través de una alfombra o tapete azul para tener un equilibrio.

OBJETOS ENERGIZADORES QUE ACTIVAN EL CHI DE UN LUGAR

Para activar la energía de cualquier lugar, o curar un área determinada de la casa, se pueden utilizar cualquiera de los energizadores que se utilizan en el Feng Shui, que situados estratégicamente, ayudan a que el CHI circule positivamente e incrementan la fuerza vital de la casa; entre los elementos más activos se encuentran:

1.- Objetos que reflejan luz: Espejos, cristales, lámparas.

2.- Sonido: Campanas, campanillas de viento, música.

3.- La fuerza de la vida: Plantas, flores, peces, mascotas.

4.- Objetos de peso: Esculturas, rocas, cuarzos.

5.- Color: De los cinco elementos.

6.- Objetos con movimiento: Banderas, móviles, fuentes, rehiletes.

7.- Talismanes y adornos simbólicos: Flautas de bambú, abanicos, espadas.

8.- Objetos electrónicos: Electrodomésticos, computadoras, estéreos, muebles.

9.- Otras: Son curas diseñadas para casos específicos utilizando fragancias, sinabrio o algún ritual transcendental.

A continuación encontrarás una lista en la que aparecen algunos usos de los energizadores utilizados en el Feng Shui.

CUÁNDO COLOCAR ESPEJOS

Los espejos son las herramientas más utilizadas para fortalecer el CHI de un lugar y para desviar el SHA existente; los espejos aceleran, dispersan y dirigen la energía hacia un lugar determinado, pero se debe tener cuidado al utilizarlos, porque son como puertas dimensionales, por tanto hay que tomar en cuenta algunas consideraciones:

☯ No colocar nunca un espejo frente a otro, generan desasosiego para los habitantes de la casa.

☯ Los espejos se deben colocar de manera que reflejen la figura completa de la persona, es decir, que no "corten" los pies o la cabeza.

๑ Los espejos chicos se deben colocar a la altura de la persona más alta de la casa.

๑ Los espejos que están dentro de la casa deben reflejar algo agradable, no deben colocarse frente a una puerta o ventana porque el CHI va de "regreso" y no circula por toda la casa.

๑ No debe haber espejos en la recámara que reflejen a la persona que duerme.

๑ Todos los espejos deben tener marco, o en todo caso las orillas deben ser redondeadas.

๑ Deben estar siempre limpios.

๑ Los espejos fragmentados no son recomendables, reflejarían una vida fragmentada para los moradores de la casa, así como un CHI negativo.

๑ Si algún espejo se rompe debe retirarse en seguida.

๑ Cualquier objeto que tenga una superficie muy lustrada actuará como espejo, cuanto más brillosa sea la superficie, mejor.

๑ El material y color del marco ejercen cierta influencia sobre el CHI del entorno.

Un espejo convexo servirá para desviar las "flechas secretas" que vienen de otros edificios y que apuntan a nuestra casa, también servirá para rechazar el SHA amenazante de un árbol frente a la puerta de entrada.

Generalmente los baños que están debajo de las escaleras son oscuros y cerrados, esta zona es considerada "muerta", por lo tanto produce enfermedades y estancamiento en el área del pa-kua donde se localiza; los espejos en las paredes, incluso en el techo, "avivarán" el CHI del lugar.

Si existe un área faltante en la casa, la mejor cura es colocar un espejo en la pared, llenará el espacio que falta.

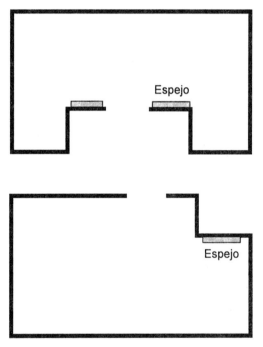

Si existe una escalera que dificulte el acceso de la energía a la casa, colocar un espejo en la pared lateral para que el CHI fluya hacia la casa.

Cuando la cama no está situada de manera que tengas el poder visual de la puerta, un espejo en la pared es la solución.

Si en el interior de la casa al abrir una puerta lo primero que se ve es una pared o fotos de personas, se debe colocar un espejo para no bloquear la energía.

Si al entrar a la casa lo primero que vemos es un muro, una de las curas es colocar un espejo en la pared lateral para atraer el CHI hacia adentro.

Si existe una anomalía proveniente del suelo, como las líneas de Hartmann o Curry, se coloca un espejo hacia abajo y remitirá la radiación malsana.

El espejo pa-kua no debe colocarse en el interior de la casa, debe colocarse en el exterior de la casa y en la parte alta, su función es proteger a los habitantes de energías malignas.

LOS CRISTALES

Los cristales tienen el poder de captar energía positiva y repelen la energía negativa, las esferas de cristal faceteado funcionan como la "aspirina" del Feng Shui, son un elemento regulador, dirigen el CHI, fortalecen cualquier zona y exaltan la energía. Si se colocan en una ventana a la luz del sol, reflejan los colores del arco iris, y los destellos de luz se dispersan por toda la casa, cada color que reflejan fortalece un tipo de energía CHI.

Es importante utilizar cristal auténtico y que refleje buena luz, como el cristal austriaco swarovski, y al igual que los espejos deben mantenerse libres de polvo. Un cristal puede colocarse en cualquier área de la casa por las propiedades que posee, y generalmente se cuelgan de un hilo rojo.

Algunos usos de los cristales:

- Un par de esferas de cristal en el área de relaciones favorecerá mucho la relación de pareja.

- Si existe un rincón oscuro donde se estanca la energía, un cristal es la solución para activar el CHI.

- Un cristal colgando de una ventana irradiará luz a la habitación y agilizará el flujo de la energía estancada, además como los cristales están asociados al elemento Tierra, simbolizan estabilidad y fortaleza.

- La solución para ventanas tipo persiana, o que se abren hacia arriba, es colocar un cristal en el centro de la ventana.

- Las "flechas secretas" se "desaparecen" con un pequeño cristal octagonal colgado del techo frente al ángulo.

- Si la sala o el comedor están en un nivel más bajo, un remedio eficaz es colgar una esfera de cristal en el centro de la habitación para elevar el CHI.

Los vitrales también son otra forma de activar el CHI, refuerzan la energía del lugar con su gran colorido; si existe un baño en la zona de riqueza, unos cristales con paisajes coloreados en verde y azul, eliminarán el SHA existente.

LUCES, LÁMPARAS
Y VELAS

Son una herramienta muy eficaz para activar o curar la energía de un lugar, la luz incrementa la energía CHI. La iluminación natural o eléctrica, es un factor que debe tomarse en cuenta para crear un entorno armonioso, debe tener un equilibrio; demasiada luz o una iluminación deficiente alteran el flujo del CHI, haciéndolo más rápido y produciendo inquietud entre los moradores de la casa, o más lento, creando estancamiento.

La luz se relaciona con el elemento Fuego, por tanto una casa bien iluminada, aportará un ambiente alegre, optimista, que motiva a las personas a la acción. Si quieres echar a andar un proyecto de trabajo, ilumina la zona Norte de tu casa. Para activar las distintas áreas del pa-kua elige luces o pantallas de color, consulta la página 159 (pa-kua del color).

Los ambientes que no reciben luz son un problema para el Feng Shui, los sótanos, cuartos de máquinas y baños internos resultan zonas "muertas" y paralizan el flujo del CHI. **Solución:** Colocar plantas que requieran de poca luz, como la hiedra, velas o el talismán de "energía en movimiento"; también puedes introducir de alguna forma el color rojo. Los rincones de la casa con poca luz se pueden "iluminar" con una lámpara. Las lámparas de pie enfocadas hacia arriba resultan muy favorables en una habitación con techos inclinados.

Las luces son ideales para las zonas ausentes en una casa de forma irregular. Coloca spots dirigidos hacia la zona que falta, la luz completará simbólicamente el lugar. Si la entrada principal es oscura, se encuentra frente al cubo de la escalera o en una calle sin salida, mantén encendida una luz para atraer energía.

Las velas también elevan la energía de un lugar, al prender una vela simbólicamente estás atrayendo luz a esa zona; si quieres activar el sector del Prestigio y la Fama, prende todos los días una vela verde, preferentemente de forma piramidal o alargada, no veladoras; o coloca luces brillantes en el lado Sur de la habitación. Un par de velas rojas fomentan la pasión en el Suroeste de la casa. Si existe un lugar húmedo en la casa, las velas aportan un ambiente más seco y luminoso. Las velas se pueden mantener prendidas o solamente el tiempo que permanece uno en la habitación. Al prender una vela da un propósito a la luz que encenderás. Los lugares más adecuados para prender velas son el Este, Sureste, Sur, Suroeste y Noreste de la habitación o de la casa.

Ten presente siempre que la luz de tu casa puede contribuir a que tengas una buena salud y un hogar sano; la falta de luz desgasta la salud, produciendo depresión y estancamiento.

CAMPANILLAS DE VIENTO

También se les llama espanta espíritus, móviles o wind chimes, y los sonidos que emiten estimulan y purifican la energía del lugar donde son colocados, además dispersan el CHI hacia otros lugares de la casa. Los hay de diversas formas y materiales; las campanillas de viento típicas son hechas de tubos metálicos, es mejor que sean huecas para que la energía circule; estos móviles se pueden colocar en el Oeste, Noroeste, Suroeste, Norte y Noreste de la casa. Los móviles de madera o bambú son favorables para fortalecer el lado Este y Sureste de la casa, los de cerámica fortalecen la energía que viene del Suroeste y Noreste. Si hay un lugar de la casa donde hay estancamiento de energía o muy poca luz, coloca unas campanillas de viento. A la entrada de la casa sirven para protegerse de la energía negativa de la calle. En pasillos muy largos es conveniente colocar un móvil para dispersar la energía en otras direcciones; el efecto negativo de las vigas se suaviza con un móvil.

La música también es un método eficaz para introducir buenas vibraciones; los cantos gregorianos y la música suave proporcionan una atmósfera de paz y tranquilidad.

PLANTAS Y FLORES

Las plantas son una manifestación de la fuerza de la vida; las plantas son seres vivos, trasmiten una vibración positiva, vigorizante y limpian el aire del ambiente. Prácticamente en todas las áreas de la casa pueden colocarse plantas, pero según su naturaleza, el color y la forma, irradian cierto tipo de vibración que fortalece el CHI de una habitación. Para que las plantas o flores resulten más positivas, deben estar en perfecto estado, las hojas o flores marchitas resultan amenazantes para el CHI del lugar. Las flores disecadas no son recomendables en el Feng Shui, porque ya son "flores muertas", las flores artificiales son más aceptadas si son de seda o de papel, obviamente éstas nunca van a tener la vibración que tiene una planta o una flor natural, sin embargo representan un símbolo. También se deben evitar las plantas con hojas puntiagudas o con espinas, porque simbolizan una "flecha secreta".

Los floreros o macetas intensifican la energía de las plantas y flores; el barro, la cerámica y la piedra estimulan la energía Tierra; son ideales para los puntos Suroeste, Noreste, y más aún si son cuadradas o rectangulares, ayudan a la armonía familiar.

Los recipientes redondos y cilíndricos de metal o material reflejante, así como el color blanco, estimulan la energía Metal relacionada con la creatividad, satisfacción y ayuda que recibimos, se colocan en el Oeste o Noroeste de la habitación; elige plantas con hojas o flores redondeadas.

Las macetas altas en color verde y los floreros de madera aportan energía Madera; resultan ideales para colocarlos en el Este y Sureste y fomentar la prosperidad y el crecimiento; elige plantas carnosas y con crecimiento hacia arriba.

Los floreros de forma angular, de pirámide y las macetas o flores en color rojo, incrementan la energía Fuego que se relaciona al reconocimiento, el prestigio y la pasión; elige plantas altas, con crecimiento hacia arriba y con hojas alargadas. Los floreros o macetas de color azul y negro avivan la energía Agua y se recomienda colocarlos en el Norte de la habitación; elige las plantas trepadoras y de forma redondeada.

También las flores se ubican en determinado lugar de acuerdo al color. Sigue la gama de los colores de los cinco elementos. Las rosas se pueden colocar en cualquier área de la casa, aceptan todos los puntos cardinales, y solamente las rosas blancas deben colocarse en el Norte de la casa o de la habitación.

DÓNDE Y CUÁNDO COLOCAR PLANTAS

◐ De acuerdo a la teoría de los elementos, las mejores áreas de la casa para colocar plantas y flores son el Este, Sureste, Sur y Norte, pues estimulan y vigorizan el CHI del lugar.

◐ Si existe un pasillo muy largo, coloca una planta tupida para aplacar el CHI.

◐ En los rincones internos o externos de la casa, una planta o un ramo de flores evitará el estancamiento porque movilizan la energía.

◐ Si la estufa y el fregadero están juntos, coloca una pequeña planta para armonizar el Fuego y el Agua.

◐ Una planta en el baño absorbe la humedad y ayuda a drenar el exceso de energía Agua, en especial si el baño está en el Norte de la casa.

◐ Una planta al frente de una columna, mitiga el SHA que irradia la columna.

☯ Las plantas en la cocina atraen buena suerte y prosperidad. Si tu cocina en muy chica, destina un lugar arriba del refrigerador, alacena o ventana para colocar una plantita.

☯ Elige una planta y nómbrala la planta protectora de tu casa, la puedes colocar a la entrada de la casa.

Las plantas, además de embellecer un lugar y crear una atmósfera de frescura, remueven el aire tóxico y absorben las vibraciones negativas del lugar y son sensibles al entorno que las rodea. Si una planta se seca o crece muy rápido y sin dirección, es señal de que en el ambiente hay una energía nociva, hay que retirar la planta, despejar el lugar y colocar otra.

Una manera de detectar energías nocivas en la casa a través de las plantas es colocando trozos de helecho macho en tres recipientes con agua, se colocan en la zona que se quiera revisar, después de 24 a 36 horas se revisa el agua y los helechos; en los puntos donde hay nocividad la cantidad de agua es la misma y los trozos de helecho se encogen y toman un color marrón; si el lugar está sano, el agua se absorbe y el helecho sigue verde; esta planta reacciona de forma muy eficaz ante los campos energéticos que hay a su alrededor.

El aire que respiramos está cargado de iones con carga positiva y negativa, en proporciones diversas que dependen de varios factores; los iones positivos predominan en los días de mucha contaminación y un exceso de iones positivos genera dolor de cabeza, cansancio, tensión, malestares; en cambio los iones negativos predominan en las montañas, el mar, en los bosques, cerca de cascadas o después de una tormenta, los iones negativos nos hacen sentir contentos, frescos y animados; gran parte del bienestar que proporciona una ducha proviene de la inhalación de iones negativos formados por el agua que restauran el CHI personal. Los helechos son excelentes para purificar el aire de un lugar, porque son generadores de iones negativos y "limpian" las emociones y vibraciones negativas acumuladas en un lugar; si se marchitan deben reemplazarse inmediatamente.

Significados y simbolismos de algunas plantas

Acacia	Estabilidad
Azucena	Abundancia
Crisantemo	Resolución, propósito
Ciprés	Nobleza
Ciruelo	Fertilidad, armonía, fortuna
Durazno	Longevidad
Gardenia	Fuerza, fortaleza
Geranio	Determinación
Granada	Fertilidad
Hortensia	Éxito, logro
Jazmín	Amistad, cariño
Orquídea	Resistencia
Peonía	Riqueza, abundancia, amor
Pino	Juventud, longevidad
Trepadora	Tenacidad
Rosas rojas	Pasión, amor
Rosas rosas	Amor, ternura, cariño

LOS ACUARIOS
Y FUENTES

Las fuentes son excelentes conductores de iones negativos, las gotitas que desprenden capturan iones positivos, dejando en la atmósfera los iones negativos haciendo el aire más fresco y puro, además aportan un sonido placentero. El agua simboliza riqueza en el Feng Shui, por eso colocar una fuente o una pecera en el área de la riqueza hará fluir el dinero. Los acuarios ejercen cierto efecto en la energía CHI; emiten una sensación relajante, también aumentan los iones negativos y dan un toque de belleza y armonía; los peces simbolizan la buena fortuna y el éxito, una pecera en el Este de la habitación activará estos sectores. Elige peces de colores brillantes o dorados, la tradición dice que lo ideal son nueve peces, ocho dorados y uno negro, o que el número de peces sea impar para atraer la prosperidad.

Los energizadores de agua deben colocarse en el Este o Sureste de la casa; en el Norte estimulan el trabajo. Si no cuentas con una fuente o un acuario, un recipiente con agua limpia, piedritas o cristales de colores también es efectivo, sólo que necesitas cambiar el agua todos los días; opta por teñir el agua de azul para mejores resultados. Otra forma de atraer el simbolismo de los peces es a través de figuras de cristal, porcelana o madera, o de pinturas y dibujos.

ESCULTURAS, CUADROS Y CUARZOS

Las obras de arte como cuadros y esculturas emiten una vibración simbolizada en su contenido, contienen una fuerza expresiva, por tanto es aconsejable elegirlos de acuerdo a tus aspiraciones, y sobre todo que representen vida y felicidad, debes sentirte cómodo con lo que reflejan, evita lo que simbolice muerte, soledad, pobreza o cualquier otro aspecto negativo.

Los cuadros y esculturas de dioses, santos y ángeles son muy propicias para el Noroeste, que corresponde al área de los Benefactores en el pa-kua. Si quieres estimular el área del amor, coloca una escultura de Venus o Cupido en el Suroeste de tu habitación, o una pareja de enamorados. Para exaltar el área del conocimiento, la escultura de Moisés o de Minerva, Diosa de la Sabiduría, resultan óptimas. Si deseas una energía fuerte y poderosa, una fotografía o escultura de Thor es la adecuada para exaltar el área de la fama, en el Sur de la casa.

Las esculturas simbolizan peso y estabilidad, son adecuadas para colocarlas si una pared da a un elevador, también para solucionar un área cortada.

Generalmente las estatuas tienen figuras de animales, deidades o personas; las figuras de animales, ya sea en dibujos o estatuas, emiten una energía simbolizada por el animal, y de acuerdo al lugar donde son colocadas, activan la energía CHI simbolizada por el animal; si quieres un tipo de energía representada por los animales, colócala en el área de la casa que deseas activar; por ejemplo, si requieres de poder y libertad, coloca la escultura de un águila en el Sur de tu oficina o de tu casa; si deseas protección para tu casa, coloca una tortuga en la parte trasera de la casa.

Algunos simbolismos de animales

Tortuga	Protección
Pájaros	Visión clara y sin obstáculos
Colibrí	Amor, conquista
Tigre	Fuerza, coraje
Dragón	Buena suerte, fuerza de la madre Tierra
Delfín	Símbolo de amor e inteligencia
Caballo	Fuerza, libertad, movimiento, elegancia
León	Autoridad, realeza, poder, nobleza
Unicornio	Descendencia ilustre, virilidad
Cuervo	Astucia y dominio
Águila	Elevación, libertad
Rana	Riqueza, buena suerte
Grulla	Longevidad y buena salud
Elefante	Sabiduría, paciencia
Oso	Protección, amistad, amor
Alce	Poder, ambición, resistencia
Pegaso	Espiritualidad, imaginación, creatividad
Buho	Sabiduría

Los cuarzos son considerados como minerales "inteligentes", su componente principal es el óxido de silicio que abunda en las entrañas de la Tierra; la sílice por su capacidad de trasmitir impulsos es muy utilizada en el campo de la informática; los cuarzos se utilizan como campos de energía para algunos relojes, en la medicina holística también se utilizan cristales y cuarzos. Dentro del Feng Shui, los cuarzos y las piedras son energizadores potentes que proyectan frecuencias energéticas, y de acuerdo a la zona donde son colocados, amplifican la energía porque contienen poderosas propiedades energéticas y curativas. Los cuarzos se pueden colocar en cualquier área de la casa, pero se "sienten" mejor en el Suroeste, Noreste, Sur, Oeste y Noroeste de la casa; en el Norte no es adecuado colocarlos porque entran en conflicto con el Agua, en el Este y Sureste, tiende a disminuir su potencia.

A continuación enumero algunas propiedades de los cuarzos que puedes utilizar en tu casa e invocar su frecuencia energética:

Cuarzo rosa	Es considerada la piedra del amor y armonía.
Cuarzo blanco	Trasmite vibraciones que limpian energías negativas.
Cuarzo verde	Fomenta la prosperidad y la salud.
Amatista	Trasmuta energía negativa, protege contra envidias.
Cornalina	Buena suerte y alegría de vivir, es la piedra del optimismo.
Aguamarina	Sedante, calmante.
Ágata	Atrae paz, triunfo y buena suerte.
Turmalina	Ayuda a liberar energía estancada.
Fluorita	Aligera la fatiga mental, sabiduría, concentración.

Los cuarzos deben "curarse" antes de usarlos; lávalos con agua corriente y después déjalos en un recipiente con agua y sal gruesa durante un día, por la noche déjalos a los rayos lunares, para que reciban energía Yin, hasta el medio día siguiente para que reciban los rayos solares y energía Yang. Después toma el cuarzo con el dedo índice y pulgar, acércalo a tu entrecejo y prográmalo con tu energía mental para un propósito definido.

EL COLOR

El color es una de la curas básicas en el Feng Shui, pues la acción vibratoria de los colores modifica de alguna manera la atmósfera de un lugar. Todos reaccionamos a la vibración de un color porque es una forma de luz y parte de las radiaciones del sol, es por eso que afecta todos los ámbitos de la vida. La teoría del color de los cinco elementos puede utilizarse para mejorar un área específica del pa-kua; las diferentes tonalidades de un color pueden "agrandar", "achicar", avivar o afligir un ambiente, también ejercen un efecto en el plano emocional, mental y espiritual de las personas; si estás deprimido, vístete de color amarillo; si quieres lograr reconocimiento, utiliza ropa interior o zapatos en color rojo; para buscar trabajo vístete de azul marino. ¡Utiliza la magia del color en cada situación! Las velas de color son otro recurso para enfatizar alguna situación, elígelas de acuerdo al simbolismo del color.

El pa-kua de los colores se aplica en una casa, una habitación o una persona de acuerdo a su número Kua. El centro se asocia al elemento Tierra y al color amarillo ocre. Al utilizar el color en un área determinada, se estimula el CHI.

Los números corresponden al número Kua personal y a los colores que son favorables.

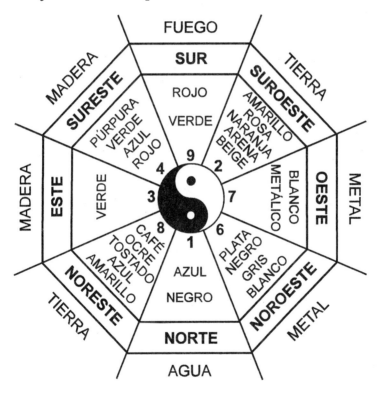

El color está presente en toda la casa, oficina o negocio, nos afecta visual y energéticamente y es un factor que estimula o debilita el CHI.

A través del color se puede lograr un equilibrio del Yin y del Yang en un lugar; revisa la lista de colores yin y yang en la página 32.

Uso de los colores
Verde

Es el color de la naturaleza, del elemento Madera y de la primavera cuando todo florece y crece. El verde aporta tranquilidad, esperanza, curación, es un color refrescante, sus hondas estimulan el crecimiento, la expansión y la prosperidad, no es casual que el dólar tenga este color. Un negocio que recién empieza, debe incluir una tonalidad de verde; los objetos y adornos en este color estimulan la riqueza y las buenas relaciones familiares. Utilízalo en el Este y Sureste, o en el lugar donde haya que generar ideas nuevas y creativas; asimismo es adecuado para salas de estar y recámaras de niños pequeños, pero en general es ideal para cualquier habitación, porque es un color que trasmite cierta tranquilidad y a la vez genera acción.

Rojo

Es el color más Yang, el color del Fuego, que incita, activa, alegra, calienta, es auspicioso y estimulante; es el color de la adrenalina y el poder, simboliza la fama, el éxito y la felicidad. No es adecuado para recámaras porque resulta difícil conciliar el sueño, y en los talleres puede causar accidentes, en cambio favorece a los gimnasios. Si te sientes deprimido o muy pasivo, no lo dudes, integra el color rojo a tu vida. Este color estimula la acción que te lleva a conseguir fama y prestigio, úsalo en tu ropa interior.

Amarillo

Corresponde al elemento Tierra, se asocia con el intelecto y la sabiduría, los emperadores lo usaban porque simboliza brillo y honor, es un color semejante al sol, irradia alegría, autoridad y representa el color del oro. Si deseas estimular el intelecto y la comunicación utiliza este color, clarifica la percepción y la atención. El amarillo estimula las relaciones y el aspecto sentimental de la zona Suroeste, úsalo en adornos, flores, marcos, etc.; resulta muy favorable para las cocinas.

Blanco

Es un color Yang, si predomina en un lugar, resulta demasiado estéril, hay que matizar con toques más oscuros. Es símbolo de pureza, produce vibraciones claras y positivas. El color blanco resulta muy favorable para estimular la creatividad y la buena fortuna de los hijos, pero no es recomendable en toda la habitación, hay que matizarlo con otros colores, ya sea en el sobrecama o en las cortinas.

Negro

Así como el rojo es el color más Yang, el negro es el más Yin; es un color espiritual porque centra la atención en el mundo interior, induce al sueño. Otorga profundidad y misterio, tanto en la personalidad como de perspectiva en la vida. Acentos en negro son adecuados para un despacho o estudio, en una recámara resulta depresivo. Usa este color para fortalecer el CHI en el Norte de tu casa o de una habitación que se relacione con el trabajo.

Azul

Este color se asocia con el cielo y el agua, es un color sedante, aporta tranquilidad y calma, tonifica el sistema nervioso. Si quieres un clima donde reine la paz elige este color, es ideal para las habitaciones de niños hiperactivos, les ayuda a relajarse, también es conveniente en salas de meditación. En el pa-kua corresponde también al área de trabajo; no abuses de este color, porque usarlo en exceso produce soledad e introversión.

Naranja

Es una mezcla de rojo y amarillo, simboliza voluntad, carácter; estimula el apetito, por tanto es recomendable para restaurantes. Es un color alegre y social, es el color del sol y resulta cálido y estimulante, ayuda a crear un clima luminoso en zonas oscuras. No lo uses en lugares donde requieras concentración.

Café, Ocre, Beige, Crema,

Representan estabilidad, son colores terrosos. Si necesitas crear un ambiente con una sensación de solidez y estabilidad, utiliza estos colores, pero combínalos con verde para movilizarlos, si no crearás estancamiento o pueden resultar opresivos. Resultan muy positivos para oficinas, recámaras y salas de estar. Los colores terrosos generan una impresión de apoyo y quietud.

Púrpura

Es un color auspicioso, se asocia con el conocimiento psíquico y espiritual, representa fuerza, jerarquía y exclusividad, es un color muy poderoso; no es conveniente pintar una habitación completa, es mejor diluirlo con blanco o dar sólo unos acentos, es adecuado para oficinas de directores y presidentes.

Gris

Establece una atmósfera formal, es un color frío, simboliza dignidad y autoridad, corresponde al Oeste y Noroeste del pa-kua.

Rosa

Tradicionalmente es el color que simboliza amor, armonía y romance. Activa el sector Suroeste con estos colores para crear un ambiente jovial, divertido y romántico; produce un efecto relajante y no es recomendable para lugares de trabajo o estudio.

TALISMANES Y ADORNOS SIMBÓLICOS

Es otro recurso para modificar el SHA. Los talismanes, emblemas, figuras y símbolos se han usado a través de la historia por muchas civilizaciones. La sabiduría popular nos ha legado la convicción de que los campos de energía que simbolizan, nos afecta para bien o para mal; todos los pueblos los han usado para atraer el amor, la buena fortuna o aliviar enfermedades. Los talismanes y objetos simbólicos representan un tipo de energía, creencia, concepto o sentimiento; tienen un lenguaje oculto y se les atribuye un poder mágico cuando han sido consagrados. En Feng Shui se utilizan para centrar, atraer y proyectar la energía que representan; además sirven para protegerse de fuerzas dañinas.

Las flautas de bambú simbolizan espadas espirituales, se cuelgan con cintas rojas y la punta hacia arriba, se utilizan para elevar el CHI del lugar. Las espadas y los abanicos ayudan a que el CHI circule armoniosamente.

Talismanes rúnicos

Los talismanes rúnicos tienen un significado profundo, su origen se remonta a las comunidades celtas, se pintaban sobre escudos, puertas y ventanas como representaciones simbólicas para proteger o generar energías positivas. Como su nombre lo indica, son imanes que atraen las influencias positivas; los talismanes rúnicos tienen un poder propio que afecta al flujo energético en forma sutil; se colocan en distintas partes de la casa y se pueden traer en la cartera o adheridos al cuerpo; por ejemplo, si en alguna parte de la casa está el presagio Huo Hai, que es una influencia negativa, entonces en esa área de la casa coloca la runa "Generadora de Energía Positiva" o "Disipadora de Energías Negativas", además de "curar" con el elemento correspondiente a esa área. Las runas deben estar hechas con tinta roja y sobre papel metálico dorado; también difunden la energía más eficientemente si se incluye en su elaboración cobre y oro; las puedes elaborar tú mismo o conseguirlas en librerías o tiendas esotéricas.

Runa del amor, arte y armonía

El símbolo representa la perfecta armonía de dos partes; simboliza el equilibrio que debe existir en nuestras relaciones personales con el planeta y el Universo. Conexión con la luz del espíritu del otro. Atrae energía de amor y armonía.

Runa de la prosperidad

Su forma simboliza un recipiente que es llenado constantemente y bendecido por la abundancia, y que a su vez cuenta con tres apoyos para que aquello que recibamos sea repartido con sabiduría y no nos haga perder la estabilidad. Representa la prosperidad en las áreas física, mental y espiritual. Atrae energía próspera.

Runa generadora de energía positiva

En esta runa están representadas las cuatro fases de la Luna. Transforma la energía negativa en positiva. Atrae alegría, expansión y espíritu colectivo de integración.

Runa protectora para viajes

Es el símbolo de la estrella polar que, antes de la invención de las brújulas, era utilizada por los viajeros para no perder el rumbo. Atrae protección para poder "viajar" por la vida y llegar sanos y salvos a un lugar.

Runa de protección y disipadora de energía negativa

Es el escudo cósmico que protege de las malas influencias que llegan al entorno; disipa energías negativas que nos impiden crecer.

Runa de sanación física y psicológica

Esta runa se usa de modo preventivo y correctivo para desbloquear la desarmonía espiritual, que es la puerta de entrada de la enfermedad.

Runa de clarividencia

Nos permite intuir certera y asertivamente; además nos permite expandir nuestra creatividad y nuestros sueños.

Runa de la buena suerte

 Esta runa atrae energía de buena suerte en cualquier actividad o circunstancia. Runa para volverse irresistible a los ojos de los demás.

Runa de promoción profesional

 Su forma simboliza al ser humano en la línea del centro, y las líneas diagonales son los inyectores que lo impulsarán en el desarrollo profesional.

Runa de la experiencia luminosa

 Simboliza la luz vinculada con la fe que nos muestra el camino incierto que significa la vida. Propicia nuevos conocimientos y la claridad mental.

Runa disipadora de radiaciones

 Ayuda a disipar las radiaciones electromagnéticas que producen los aparatos eléctricos.

Runa de energía en movimiento

 Pone en movimiento la energía en lugares donde se estanca o en lugares oscuros y cerrados. Crea defensa y protección.

Runa protectora para detener fantasías

 Esta runa nos permite concentrarnos en lo real; se eliminan pesadillas y se logra concretar lo que imaginamos.

Runa emisora de ondas benéficas

 Aporta una energía no perceptible por los sentidos normales, que suministra crecimiento material, intelectual, moral, psíquico o espiritual. Ayuda a resolver un problema difícil, y da la posibilidad de ir hacia el bien.

También puedes recurrir a objetos o figuras representativas de la energía que quieres establecer en tu casa o negocio, como plantas y animales.

SECRETOS Y TIPS DEL FENG SHUI

La escuela del Sombrero Negro (B.T.B.) que dirige el maestro Thomas Lin Yun, ofrece las nueve curas básicas que deben fortalecerse con el uso de Los Tres Secretos, que es un ritual místico que incrementa el poder de cualquier solución adoptada; además existen otras curas que han perdurado durante siglos y han sido trasmitidas por los maestros, que corresponden a los remedios tradicionales del Feng Shui y se basan en el ciclo productivo y destructivo de los cinco elementos.

Este es el ritual para "activar" cualquier cura que se elija:

Haz un mudra uniendo los dedos medio y anular sobre el pulgar. Después repite tres veces el mantra, mientras expulsas los dedos hacia afuera y trasmites la intención; el poder de la palabra irradia energía. El mantra de las seis palabras verdaderas es:

OM MA NI PAD ME HUM

Cualquier cura que coloques en tu casa o negocio, actívala con este pequeño ritual, los hombres hacen el mudra con la mano izquierda, las mujeres con la derecha. No olvides trasmitir tu propósito y elegir el lugar adecuado para colocarla.

Antes de colocar alguna cura, es importante que prepares el lugar; si vas a introducir una energía nueva, limpia y ordene la casa, recuerda que el primer paso del Feng Shui es deshacernos de todo aquello que no sirve y que no usamos; lo ideal es que también despejes tu casa de la energía estancada existente, más adelante te diré cómo hacerlo.

Secretos y tips

☯ Para la expansión y crecimiento en la profesión y carrera: En un recipiente blanco o dorado, colocar nueve piedras redondeadas, si son de color mejor, agregar agua hasta las tres cuartas partes y una hoja verde, dejar a los rayos de la Luna y el Sol de las 21 a las 13 horas del día siguiente. Después se coloca debajo de la cama o de la mesa de luz durante 9 ó 27 días; reforzar con los tres secretos. Cambia el agua cada mañana y déjala a la luz del Sol por unos minutos, después regrésala debajo de la cama o del buró; vuelve a reforzar con los tres secretos.

☯ Si hay apatía y falta de motivación, coloca en el sector Noreste de tu casa o habitación una escultura o adorno bajo de piedra blanca, o bien una pintura de montañas con un marco rojo. Coloca el talismán "Generador de Energía Positiva". Reforzar con los tres secretos.

☯ Cura para pleitos y litigios: Mezclar una cucharada de cristales de alcanfor con nueve trozos de hielo dentro de un recipiente con agua. Limpiar con un paño nuevo la parte superior de la estufa y fregadero durante quince minutos con esta solución. Repetirlo durante nueve días y reforzar con los tres secretos.

☯ Para que una operación tenga éxito y haya pronta recuperación: En la habitación del enfermo, colocar nueve plantas chicas en línea desde la puerta hasta la cama, también las puedes colocar debajo de la ventana de la habitación. Reforzar con los tres secretos.

☯ Cura para conseguir una pareja, o generar mayor felicidad en el matrimonio: Se trata de captar el CHI de una boda, que es de los más felices y auspiciosos que existen. Se necesitan nueve objetos que sean perdurables y que se usen regularmente, por ejemplo, anillos, dijes, plumas, llaves, prendedores, pastilleros, prendas interiores, etc. Se envuelven en un paño rojo y nuevo y los llevamos con nosotros a una boda; la novia y el novio deben tocar los objetos, mientras nosotros reforzamos con los tres secretos, visualizando que el amor llega a nuestra vida. Después colocarlos en el área personal del amor de la recámara durante nueve días y usarlos continuamente dándoles la intención de atraer una pareja. Si no se asiste a la boda, los novios deben bendecir los nueve objetos nueve días antes o después de la boda. Si no hay invitación a una boda, se puede asistir a una iglesia donde se celebre una boda y pedir a los novios que toquen los objetos. Pronto escucharás las campanas de tu propia boda.

☯ Ritual para que no falte el dinero: Cada primer domingo de mes, comer una manzana cruda y una papa cocida; antes reforzar con los tres secretos nueve veces y visualizar la prosperidad que llega a tu vida y que tanto mereces.

☯ Para obtener reconocimiento, dinero y buenas relaciones, colocar una manzana verde en la parte Sureste, roja en el lado Sur y amarilla en el Suroeste, reforzar tres veces con los tres secretos y repetir: *"Mis necesidades están cubiertas, gracias Padre"*.

☯ Para lograr un deseo en especial: Llenar con arroz un vaso octagonal y colocarlo en el lugar donde pases más tiempo. Pedir algo específico y dejar 9 días. Cocinarlo y comerlo pensando que pronto estará a tu alcance lo que pediste.

☯ Para que no falte el sustento: Colocar un espejo octagonal en medidas de múltiplos de nueve, o papel reflejante en el lugar donde guardas la despensa, o colocar sobre el espejo un frutero o canasta con frutas; reforzar 9 veces con los tres secretos.

☯ Si sientes que estás estancado, coloca flores naturales verdes, blancas, amarillas y rojas en la cocina y recámara principal durante 27 días, piensa que son tus aliadas y refuerza con los tres secretos.

☯ Si buscas fama y reconocimiento, ten una luz prendida continuamente en el lado Sur (sector de la fama) y coloca una vela roja o verde de forma piramidal; refuerza con los tres secretos.

🌐 Para vencer cualquier obstáculo: En cada rincón del dormitorio colocar del techo al piso una cuerda roja (4 en total) en medidas de múltiplos de nueve; simbolizan un cable telefónico que une el Cielo con la Tierra. Se invocan los poderes celestiales para que ayuden a superar lo que se está viviendo y solucionar las dificultades, luego se ata otra cuerda de 27 cm a la mitad de las que están colgadas, esta cuerda te representa a ti y a la humanidad; refuerza con los tres secretos y visualiza que se encuentra entre el Cielo y la Tierra recibiendo el CHI universal o aliento de vida para solucionar tu problema.

🌐 Si no puedes lograr tus objetivos, o te distraes con facilidad, necesitas rodearte de objetos de barro, arcilla, cerámica o construir con tus propias manos algún adorno con estos materiales; la presencia del elemento Tierra te dará tenacidad y estabilidad.

LLENA TU CASA
CON VIBRACIONES POSITIVAS

Nuestro hogar es, sin duda, un reflejo de nuestra personalidad, deseos y tipo de energía que tenemos; en él se refleja lo que pensamos de nosotros mismos, es el escenario cotidiano de nuestros estados de ánimo, reuniones, alegrías, proyectos, tristezas, aflicciones y preocupaciones. La casa es una representación física de la energía que opera en nuestro mundo interior; es un ser vivo y se "enferma" como tal cuando una energía negativa lo alcanza, y si la casa no está sana, nosotros tampoco lo estamos.

Cuando llegas a tu casa, tu mente registra en el acto toda la información del entorno a través del mensaje que ofrecen los colores predominantes, los muebles, la disposición de los adornos y la energía presente, este conjunto de cosas influye en tu psique y estado de salud.

En los siguientes párrafos encontrarás la manera de generar una energía positiva para lograr un hogar energéticamente sano y próspero.

☯ Es importante que primero detectes si hay alguna geopatía (enfermedad de la Tierra) o energía electromagnética producto de líneas de Hartmann o Curry, el método más sencillo es utilizando las varillas zahorí, las más recomendables son las de cobre; sujétalas por el mango, mantén los brazos junto al cuerpo y los antebrazos extendidos formando un ángulo de 90 grados, junta las manos y recorre tu casa en forma diagonal, si la energía es positiva, las varillas se abren o permanecen paralelas, en cambio, si se estás sobre una zona geopatógena o con vibraciones negativas, las varillas se cruzarán. Cuando las varillas se abren demasiado tocando nuestros brazos, también indican que estás sobre una falla geológica o una energía dañina; tu intuición es un excelente instrumento para detectar la vibración de tu vivienda, así como la prueba de los hechos escrita en páginas anteriores.

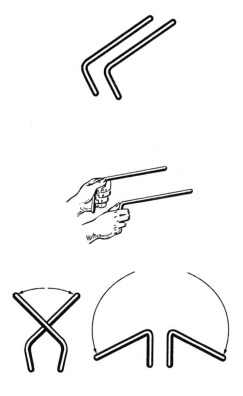

☯ Investiga si tu casa no ha sido construida sobre aguas subterráneas, pantanos, cementerios o un canal de aguas negras.

☯ La historia de los vecinos anteriores también ejerce una influencia en el momento actual, los lugares tienen "memoria" y hay que desconfiar de los lugares donde hubo violencia, crímenes, suicidios, quiebras, etc.

¿POR QUÉ DEBES ARMONIZAR TU CASA?

Se estima que una persona que habita en una gran ciudad, pasa menos de dos horas al aire libre o a la intemperie aproximadamente, las 22 horas restantes las pasa en el interior de un lugar, donde predomina la iluminación artificial, campos electromagnéticos, alteraciones telúricas, líneas geomagnéticas (Hartmann y Curry), ruido de la calle y un mal Feng Shui; todo esto a corto, mediano o largo plazo altera nuestra salud física y psíquica, por tanto es importante que si pasamos más de 22 horas en el interior de un lugar, debemos buscar que tenga una buena energía. Las condiciones que reinan en la casa hacen que una vivienda sea un lugar preparado para el éxito y la felicidad o para la enfermedad y el fracaso; además, cuando tú limpias y despejas un lugar, abres canales para captar energía.

Al armonizar tu casa la estás poniendo en sintonía con tu mundo interno, con tus necesidades, sentimientos, proyectos y aspiraciones más profundas. Después de armonizar, puedes optar por una decoración "mística", de acuerdo a tu elemento personal y a la cúspide de la casa cuatro en tu carta natal, esta combinación determina cuál y cómo es el hogar ideal de una persona.

TÉCNICA SENCILLA PARA DEPURAR UN LUGAR

El elemento Fuego ha sido venerado desde la antigüedad, se ha considerado siempre sagrado y se asocia al poder de purificar y transformar; en toda ceremonia está presente este elemento como símbolo del espíritu. La purificación a través del Fuego es una de las más antiguas y efectivas técnicas para eliminar todas las energías destructivas que puedan afectar un lugar.

Esta limpieza se pude hacer cuando:

☯ Nos mudamos a una nueva casa u oficina.

☯ Hay estancamiento.

☯ Después de un robo.

☯ Después de una muerte.

☯ Si hubo una experiencia desagradable.

☯ Si necesitas un cambio en tu vida.

☯ Si percibes el ambiente de tu casa "pesado".

Lo ideal es hacerlo por la mañana, nunca de noche ni tampoco a las 12 del día, si no se respeta esta regla se pueden invocar fuerzas sutiles inmanejables. Soy astróloga y considero siempre la fase de la Luna, su energía electromagnética cuando va de Luna Menguante a Luna Nueva es favorable para poner fin a una situación, cuando el objetivo es de carácter constructivo para consolidar o mejorar una situación, conviene realizar el ritual en Luna Creciente o Luna Llena.

Antes de empezar el ritual ten todo lo que vas a utilizar, arma un altar con los cuatro elementos: un cuarzo amatista, un vaso con agua, un incienso y una vela morada, puedes agregar flores y la imagen de un ser divino, de acuerdo a tus creencias. Además necesitarás una pastilla de carbón vegetal, campanas, cerillos y benjuí en grano o almizcle, asimismo es importante que definas el propósito por el cual armonizas tu casa; una vez hecho el altar sigue los siguientes pasos:

1.- Armonización personal:

Antes de comenzar con la limpieza energética del hogar debes prepararte: Haz ejercicios de relajación y concentración con respiraciones profundas. Mientras mayor sea la concentración, tanto mayor será la eficacia para lograr mejores resultados; olvídate de todo problema o preocupación, relaja la mente, haz oraciones o lo que dicte tu corazón y solicita la ayuda de tu Ser superior.

2.- Cómo depurar el espacio:

Enciende la vela de tu altar, transmitiendo tu propósito, lo ideal es encenderla con la energía del Sol: utiliza un papel y una lupa con los rayos solares y luego prende la vela, si esto no es posible, los cerillos de madera pueden servir; cuando enciendas la vela, pronuncia esta oración:

"Consagro esta llama para que eleve mis peticiones para (formula tu propósito) y derrame sus dones sobre esta casa y la convierta en un sitio de luz y bienestar".

Haz una protección espiritual personal, para que no absorba energías que no sean de Luz.

3.- Remueve la energía estancada a través del sonido, puedes utilizar una campana, un tambor, maracas o simplemente aplausos, recorre todas las habitaciones de la casa, sobre todo los rincones y lugares oscuros y cerrados como sótanos, bodegas, cavas o cuarto de máquinas.

4.- Enciende el carbón vegetal con la llama de la vela, colócalo en un recipiente que soporte el calor (una geoda es lo ideal), agrega el benjuí o almizcle, esto ayudará a eliminar la energía negativa del lugar, consagra el Fuego y a continuación recorre la casa empezando por la puerta de entrada y hacia la izquierda, tratando de que el humo llegue a todos los rincones de cada una de las habitaciones; abre las puertas de los armarios, alacenas, cajones, etc., para que el humo purificador llegue a todos los rincones, pásalo debajo de los muebles y detrás de las puertas. Cada vez que pases por una de las cuatro esquinas de la casa, eleva una oración y pide bendiciones para tu casa al Supremo.

5.- Debes terminar en la puerta de entrada del lado derecho, regresa al altar, y para finalizar la limpieza, puedes derramar unas gotas de agua bendita en cada esquina de la casa, recitando una oración, o lo que dicte tu corazón.

6.- Ve al centro de la casa, lleva la campana y en cada una de las cuatro esquinas de tu casa visualiza tu propósito y llena de energía positiva toda tu casa.

7.- Agradece la ayuda recibida y sella la energía establecida con las curas tradicionales del Feng Shui para preservar esta energía.

8.- Envuelve muy bien los restos del carbón y tíralos a la basura. Se recomienda tomar un baño de descarga.

Otra forma de introducir energías positivas es quemando incienso o aceites aromáticos; rocía tu casa con agua "cargada" con la energía lunar y solar y cuarzos rosas, la "llovizna", además de limpiar, producirá iones negativos en el aire. La música suave y tranquila (como la música clásica) es un medio para armonizar la energía de la casa, sus vibraciones se "impregnan" por toda la casa, creando una atmósfera armónica.

Otro método más sencillo de purificar y estabilizar las energías densas de un lugar, es colocando un recipiente de cristal con sal marina gruesa en cada una de las cuatro esquinas de la casa; consagra y da tu intención a la sal; si son dos plantas, es suficiente sólo en la planta baja, déjalos durante tres días, luego retira y tira la sal al W.C.

CÓMO ELIMINAR LA ENERGÍA NOCIVA DE LAS LÍNEAS DE HARTMANN Y CURRY

El ser humano, en cualquier ciudad del mundo, está constantemente expuesto a diferentes tipos de energías electromagnéticas producidas por las torres de alta tensión, líneas eléctricas y telefónicas, pilas y baterías desechadas, bodegas, aparatos electrónicos, cloacas, cementerios, líneas de Hartmann y Curry. La vibración que emiten afecta la energía del lugar y de la persona que lo habita, produciendo cansancio, apatía, insomnio, ansiedad y enfermedades; por ello es de suma importancia saber cómo eliminarlas.

Existe en el mercado un anulador de energía nociva y de campos electromagnéticos llamado Metatrón, el cual está basado en ondas musicales y actúa por resonancia; este equipo emite energía de frecuencias altas y tiene un alcance de varios metros; mediante la expansión e inyección de altas frecuencias, el Metratón crea una capa energética que induce a un ambiente de tranquilidad en el espacio circundante, polarizando toda negatividad. Estos equipos están patentados y analizados científicamente por el Arq. Lechuga y el Instituto de Geofísica de la UNAM, asimismo están patentados en el IMPI (Inst. Mex. Prop. Industrial).

Estos son algunos de los beneficios del anulador de energía nociva Metatrón:

☯ Desvían las líneas geopáticas de Curry y Hartmann que se encuentran en toda la superficie del planeta.

☯ Se elimina el efecto dañino de las computadoras y aparatos electrónicos.

☯ Limpia los espacios de energía de baja frecuencia y negativa (mala vibra).

☯ Inyecta de energía positiva y de alta frecuencia al cuerpo humano y al espacio.

☯ Se amplía la capacidad energética física, sexual e intelectual.

☯ Mayor rendimiento en el trabajo y en el estudio.

Si integras los cambios necesarios que requiera tu vivienda en base al Feng Shui, y además utilizas un anulador de energías nocivas, estarás eliminando uno de los obstáculos, quizá el más importante, de las muchas influencias que afectan la vida de las personas, y tú gozarás de:

- Un sueño más profundo.
- Mayor motivación.
- Menos probabilidades de enfermarse.
- Relaciones familiares más armónicas.
- Incremento en tus finanzas.
- Trabajo productivo.
- Conseguir un empleo o comprender por qué se ha perdido uno.
- Encontrar una pareja o socio para los negocios.
- Reducir el estrés.
- Confianza en ti mismo y alegría de vivir.
- Armonía mental y espiritual.

Salud, dinero y amor, son los tres pilares que necesita el ser humano para vivir feliz, y muchos pensamos que sólo es para algunos privilegiados; sin embargo no son logros gratuitos, son el resultado de un esfuerzo personal y de la buena relación con el espacio que habitamos. Si hay sintonía con estos principios: COSMOS-CASA-HOMBRE, indudablemente que la vida de cualquier persona será placentera y contará con salud, dinero y amor; uno puede hacer que las fuerzas de la naturaleza actúen a favor y no en contra, sólo es cuestión de que lo decida y modifique el espacio que habita.

¡Vivir en armonía con tu casa, es vivir feliz!

INICIO Y FINAL DEL AÑO CHINO

Año	Empieza	Termina	Animal	Elemento
1920	20 febrero 1920	7 febrero 1921	Mono	Metal +
1921	8 febrero 1921	27 enero 1922	Gallo	Metal -
1922	28 enero 1922	15 febrero 1923	Perro	Agua +
1923	16 febrero 1923	4 febrero 1924	Cerdo	Agua -
1924	5 febrero 1924	24 enero 1925	Rata	Madera +
1925	25 enero 1925	12 febrero 1926	Buey	Madera -
1926	13 febrero 1926	1 febrero 1927	Tigre	Fuego +
1927	2 febrero 1927	22 enero 1928	Conejo	Fuego -
1928	23 enero 1928	9 febrero 1929	Dragón	Tierra +
1929	10 febrero 1929	29 enero 1930	Serpiente	Tierra -
1930	30 enero 1930	16 febrero 1931	Caballo	Metal +
1931	17 febrero 1931	5 febrero 1932	Cabra	Metal -
1932	6 febrero 1932	25 enero 1933	Mono	Agua +
1933	26 enero 1933	13 febrero 1934	Gallo	Agua -
1934	14 febrero 1934	3 febrero 1935	Perro	Madera +
1935	4 febrero 1935	23 enero 1936	Cerdo	Madera -
1936	24 enero 1936	10 febrero 1937	Rata	Fuego +
1937	11 febrero 1937	30 enero 1938	Buey	Fuego -
1938	31 enero 1938	18 febrero 1939	Tigre	Tierra +
1939	19 febrero 1939	7 febrero 1940	Conejo	Tierra -
1940	8 febrero 1940	26 enero 1941	Dragón	Metal +
1941	27 enero 1941	14 febrero 1942	Serpiente	Metal -
1942	15 febrero 1942	4 febrero 1943	Caballo	Agua +
1943	5 febrero 1943	24 enero 1944	Cabra	Agua -
1944	25 enero 1944	12 febrero 1945	Mono	Madera +
1945	13 febrero 1945	1 febrero 1946	Gallo	Madera -
1946	2 febrero 1946	21 enero 1947	Perro	Fuego +
1947	22 enero 1947	9 febrero 1948	Cerdo	Fuego -
1948	10 febrero 1948	28 enero 1949	Rata	Tierra +
1949	29 enero 1949	16 febrero 1950	Buey	Tierra -
1950	17 febrero 1950	5 febrero 1951	Tigre	Metal +
1951	6 febrero 1951	26 enero 1952	Conejo	Metal -
1952	27 enero 1952	13 febrero 1953	Dragón	Agua +
1953	14 febrero 1953	2 febrero 1954	Serpiente	Agua -
1954	3 febrero 1954	23 enero 1955	Caballo	Madera +
1955	24 enero 1955	11 febrero 1956	Cabra	Madera -

Año	Empieza	Termina	Animal	Elemento
1956	12 febrero 1956	30 enero 1957	Mono	Fuego +
1957	31 enero 1957	17 febrero 1958	Gallo	Fuego -
1958	18 febrero 1958	7 febrero 1959	Perro	Tierra +
1959	8 febrero 1959	27 enero 1960	Cerdo	Tierra -
1960	28 enero 1960	14 febrero 1961	Rata	Metal +
1961	15 febrero 1961	4 febrero 1962	Buey	Metal -
1962	5 febrero 1962	24 enero 1963	Tigre	Agua +
1963	25 enero 1963	12 febrero 1964	Conejo	Agua -
1964	13 febrero 1964	1 febrero 1965	Dragón	Madera +
1965	2 febrero 1965	20 enero 1966	Serpiente	Madera -
1966	21 enero 1966	8 febrero 1967	Caballo	Fuego +
1967	9 febrero 1967	29 enero 1968	Cabra	Fuego -
1968	30 enero 1968	16 febrero 1969	Mono	Tierra +
1969	17 febrero 1969	5 febrero 1970	Gallo	Tierra -
1970	6 febrero 1970	26 enero 1971	Perro	Metal +
1971	27 enero 1971	15 febrero 1972	Cerdo	Metal -
1972	16 febrero 1972	2 febrero 1973	Rata	Agua +
1973	3 febrero 1973	22 enero 1974	Buey	Agua -
1974	23 enero 1974	10 febrero 1975	Tigre	Madera +
1975	11 febrero 1975	30 enero 1976	Conejo	Madera -
1976	31 enero 1976	17 febrero 1977	Dragón	Fuego +
1977	18 febrero 1977	6 febrero 1978	Serpiente	Fuego -
1978	7 febrero 1978	27 enero 1979	Caballo	Tierra +
1979	28 enero 1979	15 febrero 1980	Cabra	Tierra -
1980	16 febrero 1980	4 febrero 1981	Mono	Metal +
1981	5 febrero 1981	24 enero 1982	Gallo	Metal -
1982	25 enero 1982	12 febrero 1983	Perro	Agua +
1983	13 febrero 1983	1 febrero 1984	Cerdo	Agua -
1984	2 febrero 1984	19 febrero 1985	Rata	Madera +
1985	20 febrero 1985	8 febrero 1986	Buey	Madera -
1986	9 febrero 1986	28 enero 1987	Tigre	Fuego +
1987	29 enero 1987	16 febrero 1988	Conejo	Fuego -
1988	17 febrero 1988	5 febrero 1989	Dragón	Tierra +
1989	6 febrero 1989	26 enero 1990	Serpiente	Tierra -
1990	27 enero 1990	14 febrero 1991	Caballo	Metal +
1991	15 febrero 1991	3 febrero 1992	Cabra	Metal -
1992	4 febrero 1992	22 enero 1993	Mono	Agua +
1993	23 enero 1993	9 febrero 1994	Gallo	Agua -
1994	10 febrero 1994	30 enero 1995	Perro	Madera +

Año	Empieza	Termina	Animal	Elemento
1995	31 enero 1995	18 febrero 1996	Cerdo	Madera -
1996	19 febrero 1996	6 febrero 1997	Rata	Fuego +
1997	7 febrero 1997	27 enero 1998	Buey	Fuego -
1998	28 enero 1998	15 febrero 1999	Tigre	Tierra +
1999	16 febrero 1999	4 febrero 2000	Conejo	Tierra -
2000	5 febrero 2000	23 enero 2001	Dragón	Metal +
2001	24 enero 2001	11 febrero 2002	Serpiente	Metal -
2002	12 febrero 2002	31 enero 2003	Caballo	Agua +
2003	1 febrero 2003	21 enero 2004	Cabra	Agua -
2004	22 enero 2004	8 febrero 2005	Mono	Madera +
2005	9 febrero 2005	28 enero 2006	Gallo	Madera -
2006	29 enero 2006	17 febrero 2007	Perro	Fuego +
2007	18 febrero 2007	6 febrero 2008	Cerdo	Fuego -
2008	7 febrero 2008	25 enero 2009	Rata	Tierra +
2009	26 enero 2009	13 febrero 2010	Buey	Tierra -
2010	14 febrero 2010	2 febrero 2011	Tigre	Metal +
2011	3 febrero 2011	22 enero 2012	Conejo	Metal -
2012	23 enero 2012	9 febrero 2013	Dragón	Agua +
2013	10 febrero 2013	30 enero 2014	Serpiente	Agua -

Carolina Segura es Astróloga profesional y Asesora en Feng Shui; también ha tomado cursos de Tarot, Desarrollo Humano, Energía Universal, Biorritmo y Logoterapia. Entre los trabajos más destacados en Feng Shui figuran firmas refresqueras, corporativos, fábricas, restaurantes, agencias automotrices, joyerías, consultorios médicos, y por supuesto casas y oficinas; ha trabajado en varios estados de la república mexicana, en Virginia, E.U. y Buenos Aires. Es miembro de la Escuela Hispanoamericana de Feng Shui & Bau-Biología con cede en Argentina.

Imparte cursos, talleres y da asesoría a casas y negocios, asimismo es distribuidora de los Equipos Metatrón (anuladores de energías nocivas). Puedes ponerte en contacto con ella mediante el correo electrónico o por teléfono.

carol_segura@yahoo.com.mx

Tel. 56 69 46 17
http://www.portaldefengshui.com.mx

BIBILIOGRAFÍA

Chin, R.D. Feng Shui Revealed. Clarkson N. Potter Publishers, 1998.

Craze Richard, Feng Shui Book & Card Pack, Conari Press, 1997.

Kingston Karen, Creating Sacred Space With Feng Shui, Brodway Books, 1997.

Lagatree Kirsten, Feng Shui Arranging Your Home To Change Your Life, Villard Books, 1996.

Too Lillian, Tehe Complete Guide to Feng Shui, Barnes & Noble Books, 1996.

Simon Brown, Practical Feng Shui, Ward Lock, 1997.

Gill Hale, The Práctical Encyclopedia Of Feng Shui, Lorenz Book, Anneess publishing Limited, Londres, 1999.

Terah Karhryn Collins, The Western Guide To Feng Shui, Hay House, Carslbad, California, 1995.

Michel Moine y Jean Louis Degaudenzi, Manual de Energías Telúricas, Año Cero, 1994.

Denise Linn, Hogar Sano, Editorial Océano,

Derek Walters, El Gran Libro del Feng Shui, Ediciones Obelisco, 1997.

Lam Kam Chuen, Feng Shui Personal, Diana, Mexico.

Marcelo Viggiano, Escuela Hispanoamericana de Feng Shui & Baubiología, apuntes.

ÍNDICE

TÍTULOS DE ESTA COLECCIÓN

Feng Shui. Bienestar-Tranquilidad-Felicidad-Salud.
Gary T. Bay

Feng Shui. La Armonía de la Vida.
Richard Taylor - Wang Tann

Feng Shui. Qué sí, qué no y dónde.
A. Ma Wong

Guía Práctica para Equiulibrar tu Casa. Feng Shui.
Marco Antonio Garibay M.

Lilian Too y sus Secretos Exitosos de Feng Shui.
Lilian Too

La Casa Ideal con Feng Shui.
Carolina Segura

Feng Shui en tu Lugar de Trabajo.
Richard Webster

Impreso en Offset Libra

Francisco I. Madero 31

San Miguel Iztacalco,

México, D.F.